»Ich mache mich über Jeden lustig, der es verdient, ob er nun Katholik, Protestant, Jude oder Anbeter der unsichtbaren Sarah Bernhardt, ob er Minister oder Czeche ohne Portefeuille sei, ob er von einem Feudal-Affen abstamme oder Ritter des goldenen Kalbordens dritter Classe, ob er Wagnerianer oder Mitglied der ausgebreiteten literarischen Selbstcultusgemeinde sei.«

Daniel Spitzer (1835–1893), jüdischer Feuilletonist, beamteter Jurist, liberaler Humanist – und der größte Wiener Sprachsatiriker zwischen Johann Nestroy und Karl Kraus, inszeniert eine brillante Komödie über die Hysterien des Wagner-Kultes im späten 19. Jahrhundert.

Edition Alea

Daniel Spitzer:
Verliebte Wagnerianer,
Novelle.

Mit einem Nachwort von
Volker Mertens S.141

1. Auflage, März 2013

Hinweise zu dieser Ausgabe am Ende des Bandes

Edition Alea GmbH, Badenweiler
www.edition-alea.de, info@edition-alea.de

Redaktionelle Mitarbeit: Julia Beier und Simon Obert
Titelbild: Joseph Albert, Ludwig und Malwine
Schnorr von Carolsfeld in *Tristan und Isolde* der
Münchner Uraufführung, 1865. Bayerische Schlösser-
verwaltung München
Gestaltungskonzept: Hug & Eberlein, Leipzig–Basel
Druck Innenteil: Druckerei Pöge, Leipzig
Hochdruck Einband: Carpe Plumbum, Leipzig
Bindung: Buchbinderei Mönch, Leipzig
Gesetzt in *Rosart Text* und *Maison Neue*

ISBN 978-3-944524-00-9

Und mein Stamm sind jene Asra,
Welche sterben, wenn sie lieben.
Heinrich Heine, Romanzero

I. Leonie von Malzau galt in der Gesellschaft als
eine schöne Frau. Einige junge Männer fanden
sie bezaubernd und seufzten, wenn sie sie sahen,
einige ältere Männer dagegen bestritten allerdings
nicht, dass sie noch immer reizend sei, nur behaupteten sie, dass die herrliche grosse Locke, die über ihre
schönen Schultern fiel, dunkler sei als das übrige Haar,
und dass so schön geschwungene Augenbrauen, wie
jene waren, deren sich Frau von Malzau erfreute, in
das Reich der Phantasie gehörten gleich den idealen
Landschaften Marko's und ähnlichen Meisterwerken
des Pinsels. Ein blutjunger Ulanenlieutenant, der sie
im Opernhause sah, versäumte die Hälfte des Ballets,
weil er fortwährend nach ihrer Loge blickte, und als
man ihn deshalb stichelte, antwortete er träumerisch,
für einen Kuss, sogar nur auf die Stirne dieser Diana,
hätte er gerne auch noch auf die andere Hälfte des Ballets Verzicht geleistet. Als man diese Äusserung dem
witzigen Legationsrathe hinterbrachte, der der Führer
jener Partei war, die an der vollständigen Echtheit der
Haare und Augenbrauen der schönen Frau zweifelte,
erwiederte er sarkastisch, der Lieutenant hätte ganz
Recht gehabt, ein solches Opfer zu bringen, denn er

habe bis jetzt auch nicht den verschämtesten Anflug eines Bartes, und würde, wenn ihm Frau von Malzau gestattete, seine Lippen auf ihre keusche Nasenwurzel zu drücken, nach einem solchen Kusse zweifellos den schönsten schwarzen Schnurrbart im Regimente besitzen. Was die Kritik der Damen über die Schönheit dieser Frau betrifft, so meinten sie, man müsse Frau von Malzau, um kein befangenes Urtheil abzugeben, am Tage nach einer durchtanzten Nacht betrachten, und man werde finden, dass sie einen gelblichen Teint und blaue Ränder um die Augen habe. Doch behaupteten mehrere berühmte Statistiker, die namentlich in der vergleichenden Statistik der bei den Bällen der letzten Jahre sitzen Gebliebenen sehr zu Hause waren, dass diese strengen Richterinnen von dem schädlichen Einflusse des anhaltenden Tanzens auf ihre eigene Gesichtsfarbe nichts zu besorgen hatten.

Leonie war als Mädchen eine gefeierte Schönheit. Man nannte sie allgemein »die schöne Leonie« und dieser Name hatte ihr, obwohl sie nur die Tochter eines bescheidenen Rechnungsrathes war, die Salons der hohen Finanzwelt eröffnet. Die Diplomatie, Büreaukratie, Plutokratie und Kavallerie, die in jenen Salons speiste und tanzte, lag ihr zu Füssen, und wie verführerisch war ihr kleiner Fuss! Ein Bankierssohn, der als das grösste Talent der Ringstrasse galt, denn er hatte nicht nur den ganzen Heine gelesen, sondern war auch ein sehr gewandter Arbitrageur, hatte diesen Fuss in einem Sonett angebetet. Mein Gott, warum soll man nicht einen Mädchenfuss anbeten, das ist ja noch immer vernünftiger, als einen Ochsen anzubeten wie die alten Egypter. Freilich konnten die egyptischen Theologen einwenden, dass ein dummer Ochs sein Leben lang ein dummer Ochs, das reizendste Mädchen jedoch nicht lebenslänglich ein reizendes Mädchen bleibe. Man hatte sich einst glücklich gepriesen, mit ihr tanzen zu können, und wenn sie eine Blume verlor, oder ihr ein ungeschickter Tänzer ein Stückchen von der Schleppe abriss, so waren die Blume oder das Stückchen Tüll im Nu verschwunden, und man konnte den unredlichen Finder sofort an der Seligkeit erkennen, die dessen Züge verklärte. Besuchte sie die »Philharmonischen Konzerte«, so ging das besonders von den Virtuosen so geschätzte Ah! der Bewunderung durch den Saal, und in der That hatte sich einmal ein Dirigent, in der Meinung, es gelte ihm, verbeugt und die Hand gerührt ans Herz gedrückt. Und niemals kamen so viele Purzelbäume auf dem Eise vor, als wenn sie auf diesem dahin schwebte, weil dann die Blicke der Schlittschuhläufer nur auf die Loreley des Eislaufplatzes gerichtet waren.

Alle Bilder von Wiener Malern auf den Kunstausstellungen der letzten Jahre enthielten Reminiscenzen an ihre Schönheit. Einer unserer reichsten Bankiers blieb einmal erschrocken vor einer Judith stehen, die schon am frühen Morgen mit dem Haupte des Holofernes in der Hand spazieren ging, und griff nach seinem Kopfe, ob sich dieser noch auf seinem Platze befinde, da er es ganz genau wusste, dass diese Judith gestern an seiner Tafel soupirt hatte, bis er erkannte, dass der Maler für das Bild der bethulischen Wittwe die Züge der schönen Tochter des Rechnungsrathes benutzt hatte. Wenn man aber auch auf den Gemälden nicht immer ihr Gesicht fand, so konnte man doch gewiss sein, ihren Augen, ihrer Nase, ihren Ohren, ihrer Hand, oder ihrem Füsschen daselbst zu begegnen. Rief doch einmal eine Bacchantin das Kopfschütteln der Lebemänner hervor, da ihnen die unnatürlich grüne Farbe ihres Fleisches so bekannt vorkam, bis sie sich erinnerten, dass die schöne Leonie auf dem letzten Balle, von dem so viel gesprochen wurde, in einer Toilette von derselben meergrünen Farbe erschienen war. Der Maler nämlich, der gesehen hatte, wie gut ihr dieses Grün stand, hatte sich der Hoffnung hingegeben, dasselbe werde auch bei seiner Bacchantin die gleiche Wirkung hervorbringen.

Doch alle Ah! und Oh! der Schwärmer halten den Schritt der Zeit nicht auf, sie greift grausam mit ihren Krallen in das schönste Frauenantlitz, und pflückt dort eine Blüthe nach der anderen, an deren Stelle nichts zurückbleibt als eine kleine Furche, aus der aber keine neuen Reize aufblühen. Die schöne Leonie wurde unter allen den Huldigungen, die ihr nach wie vor dargebracht wurden, immer älter, ohne dass unter allen den Anbetern, die sich glücklich gepriesen hätten, ihre Fingerspitzen zu berühren, auch nur Einer gewesen wäre, der ihre Hand begehrt hätte. Die Rechnungsräthin gedachte mit Bangen aller verflossenen Schönheiten der Residenz, die alte Jungfern geworden waren, und begann im Sommer mit ihrer Tochter die Bäder zu besuchen, deren Wirksamkeit sie jedoch nicht nach der Menge der daselbst Geheilten beurtheilte, sondern nach der Anzahl der Verlobungen, die dort in der Saison stattgefunden hatten. Die sorgsame Mutter studirte daher mit grossem Fleisse die Kurliste sämmtlicher Badeorte, und gab jenen den Vorzug, die von älteren Junggesellen in sorgenfreier Lebensstellung besucht wurden. So gebrauchte Leonie in Folge des Rheumatismus eines reichen polnischen Edelmannes, der ihr in der Residenz lange den Hof gemacht hatte, die Thermen von Gastein, leider jedoch ganz ohne Erfolg, da der Pole den Rheumatismus der Ehe vorzog und auf seine Güter in Podolien zurückkehrte. Die Dickleibigkeit eines angesehenen ungarischen Gutsbesitzers zwang sie, die Heilquellen von Marienbad zu versuchen, und in der That verriethen die Seufzer, die der Ungar, wenn er sie während des Morgenspazierganges begleitete, ausstiess, nur zu deutlich, was in seinem Inneren vorging. Allein, nachdem er fünfzehn Pfund verloren hatte, hörte er plötzlich zu seufzen auf und reiste nach Ostende ins Seebad, um sich dort seiner wieder gewonnenen Leichtigkeit zu freuen.

Es wäre zu beschämend für die arme Leonie, wenn wir alle ihre gescheiterten Versuche, sich der Diplomatie zu widmen, oder in die Kavallerie einzutreten, oder die selbständige Leitung eines grösseren Bankiers zu übernehmen, erzählen wollten. Nachdem von Neuem ein Sommer verstrichen war, der nur ihren Zustand verschlimmert hatte – sie war jetzt sechsundzwanzig Jahre alt –, kam der Winter wieder mit seinen

Festen und Huldigungen. Leonie nahm jetzt die letzteren nicht mehr mit Gleichgiltigkeit auf wie ehemals, sondern mit einem zaghaften Gefühle, das zwischen Hoffnung und Entsagung schwankte, das ihr aber in den Augen Jener, die das Pikante lieben, einen neuen Reiz verlieh. Eines Abends wurde ihr auf einem Balle ein grosser breitschulteriger, ziemlich beleibter Mann von etwa vierzig Jahren mit einem gutmüthigen rothen Gesichte, grossen Perlenhemdknöpfen und dem Ordensbande der eisernen Krone im Knopfloche vorgestellt. Er bat sie um die nächste Quadrille, die sie ihm auch gewährte. Ihr Tänzer trat ihr zwar schon während der ersten Tour zweimal auf den Fuss, aber sie hatte hierin mit dem scharfen Blicke heiratsfähiger Mädchen die Ungeschicklichkeit eines Mannes erkannt, der nicht an diese graziöse Leibesübung gewöhnt war und nur, um würdigere Ziele zu verfolgen, sich in die Gefahren einer Quadrille gestürzt hatte. Sie erwiederte daher die Fusstritte mit einem hingebenden seelenvollen Blicke, mit dem sie ehemals nicht das schwungvollste lyrische Gedicht an sie belohnt hätte.

Er geleitete sie an ihren Sitz zurück und knüpfte, während Leonie anderen Aufforderungen zum Tanze folgte, mit ihrer Mutter eine Unterredung an, indem er über die grosse Hitze, die in allen Tanzsälen herrsche, klagte – eine Beobachtung, welche die Mutter Leoniens auch schon gemacht haben wollte. Er sprach sodann mit einiger Wärme über die Lüftung grosser Räume, Mittheilungen technischer Natur, welche die Rechnungsräthin, wie sie versicherte, in hohem Grade interessirten, so dass sie ihn, in ihrer Begierde, über diesen wichtigen Gegenstand volle Klarheit zu erlangen, in ihr Haus zu einer Tarockpartie mit ihr und ihrem Manne einlud, ebenfalls einem grossen Freunde der Ventilationskunst, wie sie beiläufig bemerkte.

Der freundliche Mann, der so rasch die Zuneigung Leoniens wie ihrer Mutter gewonnen hatte, hiess Plunz und war einer der ersten Bierbrauer. Das Bier, das er erzeugte, war so ausgezeichnet, dass der Name Plunz einen besseren Klang hatte, als man nach der nur geringen melodischen Fülle desselben zu erwarten berechtigt gewesen wäre, ja, die Biertrinker schmatzten, wenn er genannt wurde, mit den Lippen, wie etwa unglücklich Liebende, wenn sie den Namen Petrarka's hören. War Herr Plunz ruhmessatt, oder war die Summe, die ihm eine Aktiengesellschaft für seine Brauerei bot, von so verlockender Grösse, genug, er hatte sein Brauhaus vor zwei Jahren verkauft und sich als Millionär in das wegen der inneren Zufriedenheit, die es angeblich gewähren soll, so häufig aufgesuchte Privatleben zurückgezogen. Doch dieses bot auch ihm, wie so vielen Anderen, die an die Ketten des Berufs gewöhnt waren, nur Enttäuschungen, und nicht aus Eitelkeit, sondern um der Langeweile zu entgehen, die es hauptsächlich liebt, um schwere Geldsäcke herumzuschleichen, warf er sich dem Ehrgeize in die Arme. Er ersann Verbesserungen aller Art und zwar namentlich, vielleicht, weil er sehr vollblütig war, der Ventilationsapparate, bis es ihm endlich gelang, da er auf seine Kosten die Kavalleriekasernen mit von ihm erfundenen Vorrichtungen für die Lüftung versehen hatte, die Wissenschaft um eine neue Art von rheumatischem Zahnschmerz, der einzig und allein bei der Armee und zwar merkwürdiger Weise nur bei dem berittenen Theile derselben vorkam, zu bereichern, wofür ihm sowohl wie dem Stabsarzte, der jenes Kavallerie-Rheuma zuerst entdeckt und wissenschaftlich beschrieben hatte, der Orden der eisernen Krone und mit diesem der Ritterstand verliehen wurde. Er wählte das Adelsprädikat Ritter von Malzau und gab der Pietät für die Quelle seiner Reichthümer nicht nur Ausdruck, indem er mit einem der wichtigsten Bestandtheile des Bieres, dem Malze, seinen Namen würzte, sondern auch noch dadurch, dass er mit einer für die Bierbereitung nicht minder werthvollen Substanz das Wappen, das er nunmehr zu führen berechtigt war, hopfte, da er in demselben einer Hopfendolde einen hervorragenden Platz einräumte. Er wurde dadurch nicht lächerlicher als die Börsenspekulanten, Geldschrankfabrikanten, Spediteure, Schweinemetzger und Hofgelegenheitsdichter, aus denen sich der neue Adel rekrutirt, er hatte sich ebensowenig Verdienste erworben wie diese, aber eine Million ist ein so schlagendes Argument, dass sie auch für den räthselhaftesten Viehstall eines Wappens ausreicht. Es ist richtig, er war ein Emporkömmling, allein die meisten Leute, die sich über einen solchen lustig machen, ahnen nicht, wie schwer es manchmal ist, einer zu werden. Aber der Müssiggang ist aller Laster Anfang, und so begann Herr Plunz von Malzau seiner ehrlichen alten Junggesellenschaft, der er doch die

Festigkeit seines Schlafes zu danken hatte, endlich überdrüssig zu werden. Er fing an, hin und wieder Besuche zu machen und auf Bälle zu gehen, um so dem Zufalle die Verantwortlichkeit für das Gelingen seines Heiratsplanes zu überlassen, und lernte eben, da er die Salons vollständig satt bekommen hatte, Leonie kennen. Er tauschte daher sehr gerne für die Unbequemlichkeit des Ballsaales die Bequemlichkeit einer Tarockpartie mit den Eltern Leoniens ein, an welcher diese als Zuschauerin Theil nahm und ihn, der nur geringes Verständniss für dieses Spiel an den Tag legte, durch ihre Gegenwart vollständig verwirrte. Eines Abends, da er wieder einen so ungeheuren Fehler im Spiele gemacht hatte, dass sein Partner, der Rechnungsrath, die Hände über dem Kopfe zusammenschlug, wurde er plötzlich blutroth, legte die Karten auf den Spieltisch nieder, wischte sich den Schweiss von der Stirne, dann sprang er vom Stuhle auf, fasste Leonie bei der Hand, küsste diese zärtlich und rief:

»Ich werde nicht eher wissen, wie viele Tarocke ich in der Hand habe, bis Ihre Tochter meine Frau wird!«

Leonie schlug die Augen nieder und sechs Wochen später war sie im Besitze eines prachtvollen Brillantenhalsbandes, das ihr Herr Plunz von Malzau auf der Hochzeitsreise in Paris gekauft hatte.

II. Die Ansprüche, die Leonie an die Ehe gestellt hatte, gingen alle in Erfüllung. Sie brauchte sich ja keinen Wunsch zu versagen, da Herr von Malzau die Rechnungen seiner Frau bezahlte, ohne ihr jemals, wenn jene auch noch so gross waren, Anlass zum geringsten Vorwurfe zu geben. Nur an der Eintönigkeit des ehelichen Lebens vermochte sie, die an die Zerstreuungen der Gesellschaft gewöhnt war, keinen Geschmack zu gewinnen. Ihr Mann hatte zwar vor der Heirat wiederholt während des Mischens der Karten davon gesprochen, dass er für die Gesellschaft durchaus nicht geschaffen sei und Leonie deutete in solchen Fällen ebenfalls ihre Vorliebe für eine stille Häuslichkeit an, indem sie ein Tuch zur Hand nahm und von einem in der Nähe befindlichen Kasten den Staub, der sich möglicher Weise dort befinden konnte, abzuwischen begann. Allein wer vermöchte sich solcher kleiner Vorfälle aus vergangener Zeit immerdar zu entsinnen?

Ihr Mann liebte die Bequemlichkeit, hielt auf Küche und Keller grosse Stücke und war regelmässig um elf Uhr Abends schläfrig. Bis halb elf Uhr war er der zärtlichste, opferwilligste Gatte, um diese Stunde aber begann er zu gähnen und war sehr geneigt zu widersprechen, und wenn er nicht dann zu Bette ging, so war er, wie Leonie behauptete, ein Tyrann. Sie bewohnten den ersten Stock eines Hauses auf der Ringstrasse in der Nähe des Stadtparkes und im Sommer ihr eigenes Landhaus in Hietzing, sie hatten eine, wenn auch nicht vornehme, doch sehr hübsche Equipage und eine halbe Loge in der Oper, aber sie empfingen und machten nur selten Besuche. Ihr Mann begleitete sie wohl auf einige Bälle im Winter, liess sich aber nicht bewegen, mehr als einen Ball im Fasching und ein Diner in jedem Monate zu geben und Leonie war eine elegante, vornehme Blume, die der Treibhaushitze des Salons bedurfte. Der Rechnungsrath starb schon im zweiten Jahre nach der Verheiratung seiner Tochter, und da seine Frau ihm bald nachfolgte, war Leonie hauptsächlich auf die Gesellschaft ihres Mannes angewiesen, der jetzt die Ehe als Beruf betrieb. Er stand um acht Uhr Morgens auf, erkundigte sich bei seiner Frau, ob sie gut geschlafen habe, frühstückte mit ihr und las ihr interessante Theaternachrichten oder Unglücksfälle aus der Zeitung vor, umarmte sie beim Abschiede, kam zum Mittagessen nach Hause und erzählte ihr, was er während seiner Abwesenheit getrieben, ging, nachdem er ihr die Hand geküsst, in den kaufmännischen Verein, kam dann an Theatertagen zu seiner Frau in die Loge, fuhr mit ihr nach Hause, nahm dort seinen Thee u.s.w.

Die schöne Frau versuchte es, muthig auf die Freuden der grossen Welt zu verzichten, das härene Gewand der Hausfrau anzulegen und die Entbehrungen des häuslichen Lebens zu ertragen. Sie empfing, wenn ihre Toilette beendigt war, den Bericht der Köchin – einen Koch hatte ihr der grausame Gatte versagt – über die Anordnung des Mittagessens, besah die Pariser Modezeitungen und blätterte in den neuesten Romanen, läutete aber bei längeren Naturschilderungen, oder wenn der Dichter ein besonderes Gewicht auf den psychologischen Entwicklungsprozess legte, dem Bedienten und liess anspannen, um in den Prater oder zu ihrer Modistin zu fahren, oder sie setzte sich an's Klavier und spielte ihre Lieblingsstellen aus den Opern Richard Wagner's. Sie schwärmte nicht nur für die Musik, sondern auch für die Dichtungen dieses Meisters. Sie versäumte selten die Aufführung einer seiner Opern, wusste sämmtliche Liebesscenen aus dem »Ring des Nibelungen« auswendig und citirte Verse aus denselben, wenn die Gelegenheit halbwegs einer kleinen Alliteration günstig war.

Aber sie begnügte sich nicht damit, die Küche zu überwachen, es dem Gesinde nie an Arbeit mangeln zu lassen und in freien Stunden, wenn auch nicht Flachs, so doch die unendlichen Melodien Wagner's zu spinnen, sie hantierte auch selbst mit Nadel und Scheere und hatte für den Lehnstuhl vor dem Schreibtische ihres Mannes eine Stickerei begonnen, in der zwei allerliebste, farbenschimmernde Colibris prangen sollten. Aber ach, die beiden zarten Wesen wollten unter unserem rauhen Himmel nicht gedeihen, denn nur die beiden Schweife derselben waren kümmerlich gediehen, während ihre armen schwachen Leiber die Freuden des Daseins nie erfuhren. Es hätte allerdings im Bereiche der Möglichkeit gelegen, dass sie wie jene treue Gattin und brave Hausfrau, die Homer besungen hat, dass sie wie Penelope bei Nacht wieder auftrennte, was sie tagsüber geschaffen, allein es erscheint dies nicht ganz wahrscheinlich, da sie sich eines äusserst gesunden Schlafes erfreute.

Trotz allem dem blieb noch eine unsagbare Öde in ihrem Herzen und sie fühlte sich immer mehr vereinsamt. Sie wollte sich einen King Charles anschaffen, um wenigstens ein Wesen um sich zu haben, das mit Treue an ihr hing, aber die Schosshündchen kläffen und Lärm verursachte ihr leicht Ohrensausen. Da hörte sie eines Tages eine Nachtigall schlagen. Ja, das war es, was ihr fehlte, nur der schmelzende Gesang Philomelens konnte ihre traurige Einsamkeit erheitern. Ihr Mann beeilte sich, eine Nachtigall zu kaufen und brachte ihr diese in einem prächtigen Käfig. Ach, wie glücklich sie war, wenn die Nachtigall schlug! Es war ihr dann, als würde ihr Herz freier und als löse sich ihre Wehmuth in den herrlichen Tönen auf und verklänge mit diesen. Sie wollte Niemandem die Sorge für ihre melodische Trösterin überlassen und fütterte sie täglich selbst mit Mehlwürmern, sie gab ihr alle möglichen Kosenamen, aber eines Tages lag die Nachtigall todt in ihrem Käfige. Die unglückliche Leonie hatte nämlich durch drei Tage vergessen, sie zu füttern, aber daran war ihr empfängliches Gemüth schuld, denn sie hatte einen neuen französischen Roman gelesen und war empört über die realistische Herzlosigkeit, mit der der Dichter die Heldin geschildert hatte. »Nein, so sind die Frauen nicht!« rief sie, und las immer ergrimmter weiter und weiter und darüber war ihre Nachtigall verhungert. Sie wollte jetzt nichts mehr wissen, weder von Nachtigallen, noch von anderen Singvögeln, sie sah es ein, wie sie seufzend sagte, dass das Schicksal ihr nicht einmal den Trost des armseligsten Handwerkers gönne, der sich an dem Gesänge eines unschuldigen Vögleins in seiner Werkstätte ergetze.

Herr von Malzau befand sich bei dem reichen Seelenleben seiner Frau recht wohl, sein Gesicht wurde noch röther und sein Leibesumfang wuchs fort. Da aber auch der blendend weisse Nacken Leoniens immer üppiger wurde, konnte Niemand errathen, dass diese Ehe eine unglückliche sei. Ihr Mann hatte keine Ahnung, dass er sie nicht verstehe, und küsste noch immer mit der früheren Geläufigkeit jedes einzelne Grübchen ihrer schönen Hand, ja eigentlich entdeckte sie selbst ganz zufällig eines Vormittags, dass sie unglücklich sei, als sie einen wunderschönen Schlafrock, den sie eben erhalten hatte, vor ihrem grossen Ankleidespiegel versuchte. Sie seufzte, als sie ihren herrlichen Arm, ihre prächtigen Schultern und ihre unverstandenen schmachtenden Augen im Spiegel sah; je länger sie hinein schaute, desto mehr empfand sie ihre Verlassenheit, und sie war eine Stunde in Betrachtung ihrer selbst vor dem Spiegel stehen geblieben, so unglücklich fühlte sie sich. Es scheint, dass man einer Dame auch von rückwärts ansehen kann, ob sie unglücklich sei. Thatsache wenigstens ist, dass sie dem Spiegel auch den Rücken drehte und sich so mit umgewandtem Kopfe lange betrachtete. Sie warf sich dann in einen Lehnstuhl und sah verzweifelt gegen die Decke, die von Makart gemalt war, drückte das Taschentuch vor die Augen, und als sie es wegnahm, war ihr, als hätte sie bitterlich geweint.

Allein das Taschentuch war ganz trocken geblieben, und doch war es nicht etwa wasserdicht, sondern aus dem feinsten französischen Batist. Ja, sie konnte es sich nicht länger verhehlen, sie war elend! Man ersieht daraus, dass Leonie wenigstens in ihren Anforderungen an das Elend sehr bescheiden war. Denn es giebt Leute, die auch in dieser Beziehung so übermässige Ansprüche erheben, dass sie von einem ordentlichen Elend Siechthum, Armuth oder andere Misshandlungen des Geschickes verlangen.

Nach und nach bildete sich die schöne Legende in ihrem Kopfe, sie habe ihrem Manne ihre Jugend zum Opfer gebracht und dieser habe sie schnöde verrathen, und sie brachte nunmehr, da sie sehr viel Geschmack besass, ihre Toilette mit dem Martyrium, unter dem sie litt, in entsprechenden Einklang. Aber ihr Mann war ein Barbar und verrieth nicht das geringste Verständniss für die kleinen Nadelstiche, die sie ihm von Zeit zu Zeit versetzte. Entweder wusste er nicht, was sie meinte und schüttelte dann seinen grossen dicken Kopf, oder, wenn ihm ihre satirisch-elegischen Bemerkungen gar zu unsinnig dünkten, begnügte er sich: Närrchen! zu sagen und lachte dabei so aus vollem Herzen, dass Leonie sich solchem Stumpfsinne gegenüber hilflos fühlte. Leonie hatte mit sechsundzwanzig Jahren geheiratet und seitdem waren vier Jahre vorübergegangen, aber der Kummer hatte ihr selbst ihre Erinnerungen geraubt und sie glaubte daher, sie sei achtundzwanzig Jahre alt.

III. Leonie sass beim Klaviere und phantasierte, das heisst, während sie mit dem rechten Fusse sanft das Pedale berührte und die beiden Hände auf den Tasten ruhten und hin und wieder eine oder die andere erklingen liessen, sann sie nach, welche Toilette sie heute Abend für das Theater machen sollte. Ihre Phantasie war gerade mit einem sanften Taubengrau beschäftigt, als ihr der Besuch der Majorswittwe gemeldet wurde. Diese war in allen Salons der Ringstrasse heimisch, denn da sie die Wittwe eines verdienstvollen Officiers war und überdies sämmtliche Mitglieder ihrer Familie dem Militärstande angehörten, hatte sie zahlreiche Bekannte in der Armee, und man konnte daher bei ihr für einen Ball ein halbes Dutzend junger Officiere zum Tanzen und zwei bis drei höhere Stabsofficiere zur Ausschmückung der Wände bestellen, die sie zum bestimmten Termine pünktlich ablieferte. Man übersah aus dieser Rücksicht ihre Offenheit, ihr ungezwungenes Benehmen und die oft peinliche Sorglosigkeit ihrer Ausdrucksweise, die ihr durch den häufigen Aufenthalt in kleinen Garnisonen und den ausschliesslichen Verkehr mit Soldaten daselbst zur Gewohnheit geworden war. Sie war dabei sehr verliebter Natur, meinte es mit Jedermann gut, war gefällig, wusste viel zu erzählen und würzte ihre Plaudereien mit Bildern aus dem militärischen Leben und Citaten aus Schiller. Da sie überdies ausser ihrer Pension ein kleines Vermögen besass, und daher Niemandem zur Last fiel, unterhielten sich die Damen unter vier Augen, wenn Niemand sonst hören konnte, wie die Wittwe

Alles bei seinem Namen nannte, sogar sehr gerne mit ihr, um sich zu erheitern, und oft noch lange, nachdem sie weggegangen war, zu lachen. Leonie jedoch, die, wie so viele gefeierte Schönheiten, keinen Sinn für Humor hatte, nahm die Majorin sehr ernst und ärgerte sich, nicht so sehr aus natürlichem Anstandsgefühle wie aus Stolz über den unpassenden Ton, den die Wittwe oft anschlug.

Frau von Malzau erhob sich mit feierlicher Langsamkeit vom Klaviere und machte eine majestätische Handbewegung, um die Eintretende zu begrüssen. Diese war eine auffallend grosse, stark gebaute Blondine in der Mitte der Dreissiger Jahre mit sehr gefärbtem Gesichte, grossen wasserblauen Augen und lebhaften Geberden. Sie ergriff sofort die Offensive, indem sie Leonie bei beiden Händen fasste, an sich zog und auf beide Wangen so stürmisch küsste, dass die Stellen, welche die Liebkosung empfangen hatten, noch geraume Zeit durch einen rosigen Hauch verrathen wurden.

»Ach, was Sie für kühle Wangen haben«, rief sie, indem sie neben Leonie, die sich mit allen Anzeichen der Erschöpfung auf das Sofa gesetzt hatte, Platz nahm, »ich beneide Sie darum, denn die meinigen glühen immer, als wenn ich gerade von einem Manoeuvre zurückkäme. Und wie hübsch Sie sind, Sie werden jeden Tag schöner! Und welche prächtige Frisur Sie wieder haben, nur schade, dass die Scheitel so fürchterlich zerzaust sind. Ich weiss, das ist jetzt Mode, aber diese ist nicht nach meinem Geschmack, bei mir muss immer Alles glatt gestrichen sein, kein Härchen darf aus dem Glied hervortreten; ich glaube, mir würde mit Ihrer Frisur kein Bissen schmecken, es würde mir immer vorkommen, als sei ich gerade aus dem Bett aufgestanden. Und was macht Herr Plunz?«

Leonie, deren Gerechtigkeitsgefühl durch die vollständig unbegründete Kritik ihrer Frisur gekränkt war, sah bei Nennung des Namens Plunz zur Decke empor, als wenn sie sich auf einen Herrn dieses Namens nicht zu erinnern vermöchte.

»Ich glaube gar«, fuhr die Wittwe fort, »Sie können sich nicht mehr auf Ihren Mann besinnen und meiner ist mir noch immer unvergesslich. Ja, die Männer lernt man erst schätzen, wenn man sie nicht mehr hat.«

Leonie lächelte gezwungen. »Ich hörte den Namen, den mein Mann einst führte, bevor ich noch seine Gattin war, gar nie, und es ist daher kein Wunder, wenn er mir für den ersten Augenblick ein Bischen fremdartig klingt.«

»Ach Gott, ich verstehe, aber ich kann wieder nicht alle die neuen Namen im Kopfe behalten, die meine alten Bekannten, seit sie geadelt wurden, sich beigelegt haben. Es ist ja eine ganze Kompagnie, und man müsste ein Gedächtniss wie ein alter Feldwebel haben, um sich sie zu merken. Und dazu kommt jetzt noch die Verwirrung durch die Gerichte, indem sie Viele, die erst vor Kurzem den Adel erhalten haben, verurtheilen, so dass die Armen diesen wieder verlieren und genau so heissen wie vorher, wie zum Beispiel der Herr von Brandau, der durch die Geschworenen wieder seinen früheren Namen Brandel zurückbekommen hat, und seit drei Monaten im Kriminal sitzt.«

»Ich erfahre gar keine Neuigkeiten mehr«, sagte Leonie ärgerlich, »seitdem ich so selten in die Gesellschaft gehe, und wenn ich sie auch höre, so interessiren sie mich kaum«, und dabei seufzte sie tief.

»Wie melancholisch Sie aussehen, ganz wie die Maria Stuart. ›Eilende Wolken, Segler der Lüfte, wer mit euch wanderte, wer mit euch schiffte!‹ Wissen Sie, was Ihnen fehlt, gute Leonie? Ein Kind, so ein recht schlimmer Junge, der immer schreit, und dem man in Einem fort die Nase putzen muss, und wenn man damit fertig ist, küsst man ihn ordentlich ab und da geht erst recht der Höllenlärm los.«

Leonie entsetzte sich bei dieser Schilderung des Familienglückes und machte mit beiden Händen eine abwehrenden Bewegung. Aber die Wittwe beachtete es nicht und fuhr in ihrem Redeschwalle fort:

»Ja, ein Kind! – Ach du lieber Gott, wäre das meinige nicht gleich nach seiner Geburt gestorben, so wäre mein theurer Manuel – denn so wollte ich meinen Sohn nennen, da ich mit meinem Manne einige Monate vorher gerade in der ›Braut von Messina‹ war – jetzt schon im zweiten Jahrgange der Wiener Neustädter Militärakademie. Ich würde ihm monatlich zehn Gulden Zulage geben, und alle Sonntage müsste er mich besuchen und bei mir speisen, und ich liesse ihm einen echten Risotto kochen, denn er würde ihn wahrscheinlich ebenfalls gerne essen, wie sein Vater, der sein Leben dafür gelassen hätte, mit recht viel

Käse. Wie glücklich wäre ich! Mein armer Mann hat an jenem traurigen Tage fast noch mehr gelitten als ich. O, ich entsinne mich noch, wie gerade, nachdem das Unglück geschehen war, Kanonenschüsse gelöst wurden, zum Zeichen, dass sich der Eisstoss in der Donau, von dem man eine Überschwemmung besorgte, in Bewegung gesetzt habe. Und da suchte mich mein Mann zu trösten und drückte meine Hand und sagte: Wenigstens bekommt der arme Bursche ein militärisches Leichenbegängniss! Und jetzt steh' ich einsam in der Welt ohne Mann, ohne Kind; ich bin zwar in der Leihbibliothek abonnirt, aber da liest man immer nur, wie andere Leute heiraten, und kommt sich dann noch verlassener vor. Na, man weiss freilich nicht, was Alles geschehen kann, die Männer sterben ja nicht aus. Doch ich vergesse ganz den Zweck meines Besuchs. Wissen Sie, dass unsere gemeinschaftliche Freundin, Frau Blum, sehr böse auf Sie ist, dass Sie schon seit so langer Zeit sich bei ihr nicht blicken liessen. Ich habe ihr versprochen, Sie zu überreden, dass Sie wenigstens am nächsten Empfangsabend, der der letzte in dieser Saison ist, bei ihr erscheinen. Es wird grossartig werden und der gediegene Musikkritiker, Doktor Brauser, der ein so grosser Musikkenner ist, dass ihm selbst die Patti nicht gefallen hat, hat ebenfalls zugesagt zu kommen und ein Feuilleton über den Abend zu schreiben. Der berühmte Schwappel hat nämlich eine Einladung für den Abend angenommen.«

»Verzeihen Sie«, sagte Leonie, schmerzlich lächelnd, »aber ich führe ein solches Einsiedlerleben, dass ich noch nicht einmal von Ihrem berühmten Schwappel etwas gehört habe.«

»Was, Sie kennen nicht den Komponisten der ›Berserker-Symphonie‹, die so grossartig ist, dass sie nirgends aufgeführt werden kann? Und in allen Salons reisst man sich um ihn, und unter den Damen herrscht nur eine Stimme darüber, dass er dämonisch ist. Er ist erst vor vier Wochen von Bayreuth zurückgekommen, wo er Richard Wagner besucht hat, und der Meister erklärte, Schwappel sei das grösste Genie nach ihm, so zwar, dass sich Wagner seine eigenen Kompositionen von ihm vorspielen liess, die seit den ›Meistersingern‹ erschienen sind. Denn was der Meister bis zu den ›Meistersingern‹ geschrieben, sagte er Schwappel selbst, seien nur Jugendsünden. Nun, das macht freilich nichts heutzutage, denn in allen Zeitungen kündigen sich ja die Ärzte zu Dutzenden an, welche die Folgen derselben kuriren. O, er wird auch Sie hinreissen, wenn Sie ihn sehen werden. Er hat rabenschwarzes Lockenhaar, das ihm in Folge des anstrengenden Klavierspiels immer über die Stirne fällt; er ist ganz glatt rasiert, sodass man nicht weiss, ob er jünger oder älter aussieht, als er ist, und dunkle Augen hat er, ungeheuer interessant, wie die Sechspfünder. Und dabei hat er ein so gutes Herz! Hätten Sie nur neulich gehört, wie er Mendelssohn und Meyerbeer wegen ihrer verfehlten Leistungen bedauert hat, so dass ich selbst, die ich doch abgehärtet bin, Mitleid mit ihnen empfunden habe. Einen reichen Freund hat er, von dem ist er unzertrennlich, denn die berühmten Männer brauchen immer Freunde, wie schon Schiller in der ›Bürgschaft‹ sagt: ›Ich lasse den Freund dir als Bürgen, ihn magst du, entrinn' ich, erwürgen.‹ Der Freund heisst Goldschein und gehört zwar dem auserwählten Volke an, aber er hat mir vor vierzehn Tagen bei einem Souper mitgetheilt, dass er an den jüdischen Ostern kein ungesäuertes Brod isst, weil er zum Wuotan übergetreten ist, das ist nämlich ein altdeutscher Gott, der mit seiner Frau schlecht gelebt hat.«

»Eine der erhabensten Gestalten«, unterbrach sie Leonie, »die Wagner geschaffen hat.«

»Ja, derselbe. Goldschein war früher bei seinem Vater im Getreidegeschäft, aber seit dieser todt ist, ist er ebenfalls Komponist. Er hat wohl bis jetzt noch nichts komponirt, aber er fängt schon seit zwei Jahren eine Oper an. Nur kommt er damit nicht vorwärts und leidet daher fortwährend, wie er mir gesagt hat, an inneren Kämpfen; das ist so eine Art Kolik, die alle Genies haben. Er ist aber sonst ganz gesund und drei Jahre älter als ich, nur sehr klein und ein wenig schwächlich. Eine Hauptrolle in seiner Oper wird, wenn sie fertig ist, eine nordische Jungfrau singen, wie bei Wagner, in dessen Opern auch die meisten Frauenzimmer Anfangs Jungfrauen sind. Sie heisst Schwanhilde, erinnert aber doch sehr an die Königin in Schiller's ›Don Carlos‹, denn sie soll einen König heiraten, hat aber mit dessen Sohn ein kleines Verhältniss. Er muss überall sein, wo Schwappel ist, und er war auch mit ihm in Bayreuth beim Meister, der ihm verzieh, dass er ein Jude ist, da er glücklicher Weise drei Ablasszettel vorzeigen konnte, nämlich Patronatsscheine für das Bayreuther Theater, die er gekauft hat. Als sie vom Meister Abschied nahmen, um nach Wien zurückzureisen, war dieser gerade mit seiner Morgentoilette beschäftigt und probirte eben ein Frühstücksbarett. Goldschein bat ihn um ein Zeichen der Erinnerung, aber der Meister erklärte, er habe schon Alles, was er entbehren könne, weggegeben, bis auf ein Paar alte Schlappschuhe, die er aber, weil das Vaterland so undankbar gegen ihn sei, dem Kensington-Museum in London zu vermachen beabsichtige. Glücklicher Weise sah Goldschein auf dem Waschtisch eine alte, schon sehr abgebrauchte Zahnbürste liegen, die bat er sich aus und der Meister schenkte sie ihm endlich nach langem Bitten. Goldschein beabsichtigte Anfangs, sich aus Verehrung für den Meister jährlich einmal, nämlich am Geburtstage desselben, die Zähne damit zu putzen, aber später besann er sich anders und liess die Borsten, die noch vorhanden waren, herausnehmen und eine Uhrkette daraus anfertigen, die er jetzt beständig trägt. Die berühmte Pianistin Fejerhazy, eine Schülerin Liszt's, hat die Reliquie in einem Wohlthätigkeits-Konzert öffentlich zuerst an ihre Brust gedrückt, die allerdings, unter uns gesagt, flach ist wie ein Exerzierfeld, und dann dreimal geküsst.

Denken Sie nur, er ist ungeheuer in mich verbrannt. Nach dem Souper unlängst, von dem ich Ihnen erzählt habe, wo er nichts von den ungesäuerten Broden wissen wollte, weil Wuotan auch die jüdischen Ostern nicht gehalten hat, setzte er sich neben mich auf das Sofa und sprach gar nichts, sondern schielte nur fortwährend unter mein Kinn – ich war nämlich dekolletirt, wie es im ›Reiterlied‹ von Schiller heisst, ›die Brust im Gefechte gelüftet‹ – und seine Blicke waren so ausdrucksvoll, dass ich meine Pfefferminzbonbons nehmen musste, um nicht zu erröthen. Zufällig erzählte ich in seiner Gegenwart, dass mir mein Rosaatlaskleid durch die Ungeschicklichkeit des Fiakers beim Nachhausefahren so zerrissen worden sei, dass ich es nicht mehr verwenden konnte und meiner Köchin schenkte. Und Tags darauf kommt er zu dieser und bietet ihr dreissig Gulden, wenn sie ihn ein so grosses Stück herunterschneiden lasse, als für ein Paar Atlashosen für ihn ausreiche. Die Köchin war damit einverstanden und jetzt trägt er mein Kleid als Hosen. Denn seit es bekannt ist, dass der Meister nur in Atlashosen und Atlasschlafröcken komponirt, sind diese allen Wagnerianern unentbehrlich geworden. Aber als ich ihn wieder in Gesellschaft traf, nahm ich Revanche dafür, dass er mir so in's Kleid geschielt hatte und musterte seine Beine mit solcher Aufmerksamkeit, dass das Erröthen diesmal an ihm war. Der Arme, er könnte zehn Paar Atlashosen vertragen, und wäre noch immer nicht zum Jockey verdorben. Und ich hörte dann, wie er zu Schwappel, auf mich blickend, sagte: Ein Götterweib – eine Walküre! Und da doch Jeder gern wissen will, wie er aussieht, so ging ich in die nächste Vorstellung der ›Walküre‹. Nun, ich bin mindestens um einen halben Schuh höher als die Walküre im Opernthealer, dann ist sie beritten und führt auch immer ihr Pferd mit sich, während ich, wie Sie wissen, in die Infanterie geheiratet habe. Aber sonst war ich mit dem Vergleich ganz zufrieden.«

»Ich kann Sie nur«, sagte Leonie, »bedauern, dass Sie bloss die ›Walküre‹ gehört haben, ich habe bisher keine Vorstellung des ›Nibelungenringes‹ versäumt, es ist die einzige Freude, die mir noch geblieben ist. Gerade als Sie eintraten, spielte ich die herrliche Liebesscene zwischen Siegmund und Sieglinde«, und Leonie lehnte sich zurück, schloss die Augen und lispelte: »O süsseste Wonne! Seligstes Weib!«

»So«, rief die Majorin, »das war eine Liebesscene und als ich bei Ihrer Thüre war, glaubte ich schon, der Klavierstimmer sei hier. Aber freilich, bei Wagner kann man darin nicht genug vorsichtig sein. Aber ›wo Alles liebt, kann Carl allein nicht hassen‹, sagt Schiller in ›Don Carlos‹, und vielleicht werde ich auch noch einmal Atlashosen tragen.«

»O lieblichste Laute, denen ich lausche«, hauchte Leonie.

»Sie wissen ja den ganzen Wagner auswendig, wie ich meinen Schiller. Doch es ist Zeit, dass ich gehe, ›der Mohr hat seine Arbeit gethan, der Mohr kann gehen‹, wie es in ›Fiesko‹ heisst. Sehen Sie, das schreibt dem Schiller Keiner nach. Der Othello von Shakespeare ist zwar auch ein Mohr, aber so etwas, wie der Mohr hat seine Arbeit gethan, der Mohr kann gehen, kommt im ganzen Trauerspiel nicht vor. Es ist so wahr, so aus dem Leben gegriffen, so Jedem aus der Seele gesprochen. Ich kann sonst die Mohrenstücke nicht leiden und bevor ich einen Mohren heiraten würde, bliebe ich lieber Wittwe. Ich habe zwar kein Vorurtheil, aber es ist nur wegen der Kinder. Ich glaube, schwarze Kinder würden sie in einem Militärerziehungshause gar nicht aufnehmen, und sie haben auch Recht, ein schwarzer Lieutenant wäre zu auffallend. Nein, es geht doch nichts über einen weissen Mann. Also nicht wahr, Sie werden sich am nächsten Mittwoch den dämonischen Schwappel ansehen? Leben Sie wohl, ich werde es überall erzählen, dass die schöne Leonie kommt und der Salon wird überfüllt sein.«

»Ich werde, wenn ich so viel Gemüthsruhe finde, dass ich hoffen darf, der Gesellschaft nicht durch meine Laune zur Last zu fallen, kommen, vorausgesetzt, dass mein Mann nicht zu schläfrig sein wird.«

»O, ich kenne Ihren Mann zu gut«, rief die Wittwe unter der Thüre, »er ist ein Duckmäuser, er weiss schon, warum er so zeitig schläfrig ist«, und dabei drohte sie schalkhaft mit dem Finger und schloss die Thüre so rasch hinter sich, dass der keusche, strafende Blick Leoniens nicht mehr die Majorin traf, sondern eine vollständig unschuldige Susanna im Bade, deren Bild sich an der Thürwand befand.

IV.   Der Salon der Frau Blum war am Mittwoch besuchter als an den früheren Empfangsabenden. Der Geist der Dame des Hauses sowie der Ruf ihrer Küche und die künstlerischen Genüsse aller Art, die geboten wurden, übten zwar stets ihren Zauber, aber diesmal hatte besonders die Neugierde, den dämonischen Schwappel zu sehen und zu hören, sowie die Sehnsucht, von ihm bezaubert zu werden, die Damen angezogen, während die Kunde, dass die schöne Frau von Malzau nach längerer Zurückgezogenheit wieder erscheinen werde, die Männerwelt angelockt hatte.

Frau Blum fand in der Pflege der Kunst den Frieden der Seele wieder, den ihr eine Reihe widriger Schicksale geraubt hatte. Ihr Mann war ein angesehener Grosshändler gewesen, dessen Unternehmungen jedoch vom Glücke nicht begünstigt wurden, bis er zweimal in Konkurs gerieth und so in den Besitz eines sehr bedeutenden Vermögens gelangte, das ihm erlaubte, künftighin nur auf die Pflege seiner angegriffenen Gesundheit bedacht zu sein. Sein Nervensystem war nämlich in Folge der vielen Schläge, die ihn getroffen hatten, vollständig zerrüttet worden und er führte deshalb seit drei Jahren, fern von dem trauten Kreise seiner Familie, das traurige Nomadenleben eines Kranken, der seine Zelte nur unter einem milden blauen Himmel aufschlagen darf. Man sah ihn daher in Nizza, Vevey, Baden-Baden, Ostende u.s.w. und zwar stets in Gesellschaft einer schlanken brünetten Dame, deren Sonnenschirm und Mantille er trug, so dass man annahm, dass dieser die Pflege für den

Leidenden anvertraut sei. Unglücklicher Weise sah das aufopfernde Wesen einer Tänzerin aus der ersten Quadrille des Wiener Operntheaters zum Verwechseln ähnlich, die vor drei Jahren durch ein Fussleiden, wie es hiess, gezwungen worden war, ihrer Kunst für einige Zeit zu entsagen. So fanden sich denn einige Leichtgläubige, für die es feststand, Herr Blum sei mit jener Quadrillekünstlerin damals aus Wien durchgegangen und die Füsse der Ballerina bedürften ebensowenig der Schonung, wie die Nerven des Grosshändlers. Der Ehe der Frau Blum war nur ein Knäblein entsprossen, das schon frühzeitig eine solche Entwicklung seines Schönheitssinnes verrieth, dass die Mutter es angezeigt fand, dessen weitere Ausbildung einem höheren Pensionate zu überlassen, um von den unausgesetzten Beschwerden ihrer Dienstmädchen und Köchinnen über die Zudringlichkeiten des munteren Knaben nicht weiter behelligt zu werden.

Die Empfangszimmer der Frau Blum verriethen, dass die in neuester Zeit so modern gewordene ältere Kunst auch in dieser für alles Schöne so empfänglichen Frau eine eifrige Bewunderin gefunden hatte. Alle Räume waren nämlich mit Gypsabgüssen und anderen Nachbildungen berühmter Skulpturen der Antike sowie der Renaissance ausgeschmückt. Die kunstsinnige Hausfrau hatte sich für die Auswahl der Kunstwerke sowie deren Anordnung des bewährten Beirathes eines Privatdocenten der Kunstgeschichte bedient, welcher zu den ältesten Gästen ihrer Empfangsabende gehörte. Da den Vorlesungen desselben an der Universität nur vier Studenten beiwohnten und er dennoch von dem leicht begreiflichen Bestreben erfüllt war, einen grösseren Kreis andächtiger Zuhörer um sich zu sammeln, so besuchte er sehr gerne den Salon der Frau Blum, in welchem er immer eine oder die andere Dame zu finden gewiss war, die sich noch kein klares Urtheil über Michel Angelo oder Sansovino gebildet hatte und daher seine Erläuterungen dankbar aufnahm, und wo er gleichzeitig einer verschämten Neigung zu Rheinlachsen und steirischen Kapaunen zu fröhnen in der Lage war. Dabei hatte Frau Blum mit feinem Takte Vorsorge getroffen, dass auch das empfindlichste Auge nicht durch gewisse, allerdings der Natur abgelauschte, aber nichtsdestoweniger verletzende Bestandtheile der Skulpturen beleidigt werde, indem sie zwar auch dem Nackten ein Asyl in ihrem Kunsttempel gewährt, doch durch eine sinnige Gruppirung von Blumen, Sträuchern und Bäumchen um dieselben, jede etwa der Schamhaftigkeit drohende Gefährlichkeit zu nehmen gewusst hatte. So machte ein hoher stacheliger Kaktus den »Apollo von Belvedere« auch weiblichen Bewunderern zugänglich, während an der verfänglichen Rückseite der »Venus Kallipygos« ein Lorbeerstrauch aufstrebte, und die schöne Göttin, indem sie den Kopf nach rückwärts wandte, nicht eine frivole Eitelkeit befriedigen, sondern einem naiven Erstaunen darüber Ausdruck geben zu wollen schien, jene Pflanze, die sonst nur ruhmreiche Stirnen beschattet, an einer für Ehrenbezeichnungen so wenig geeigneten Stelle wiederzufinden. Wie gewöhnlich war auch heute der Privatdocent der erste Gast. Nachdem er die Hausfrau begrüsst hatte, sah er sich um und sagte:

»Ich bin heute, wie es scheint, der Erste, aber die Sorge um unseren sterbenden Fechter machte mich unruhig. Wie steht es mit ihm?«

»Ich denke«, erwiederte Frau Blum, »er ist schon wieder ganz hergestellt und sieht so gut aus wie früher. Die Chokolade hat ihm glücklicher Weise gar nicht geschadet.«

»Dass aber auch«, rief der Privatdocent, unwillig den Kopf schüttelnd, »Frau Gerstner, da sie doch weiss, dass sie der geringfügigste Umstand zum Niesen reizt, in der unmittelbarsten Nähe eines solchen Kunstwerkes Chokolade trinken musste, ist wirklich unverzeihlich.«

Er verbeugte sich und ging dann in den Zimmern auf und ab, indem er die Hände auf den Rücken legte, vorsichtig umspähte und kleine, äusserst bedächtige und leise Schritte machte, Gewohnheiten, die er in Folge seiner häufigen Besuche von Museen und Gallerien den Aufsehern derselben abgeguckt hatte. Bald darauf trat ein alter pensionirter Oberst ein, den die Majorswittwe für den Abend und zwar mit der Uniform zugesagt hatte. Frau Blum drückte ihre Freude über das Erscheinen eines Officiers aus, dessen ruhmvolle Thaten sie immer mit Bewunderung erfüllt hatten. Der Oberst hatte aber inzwischen die Uhr an der Wand scharf in's Ange gefasst und bemerkte in entschiedenem Tone:

»Die Uhr geht zu langsam, es sind schon zwanzig Minuten über Acht!«

Und dabei sah er die Hausfrau mit einem Blicke an, der verrieth, dass er durchaus nicht geneigt sei, sich hinter's Licht führen zu lassen. Er war nämlich gewohnt, um acht Uhr zu nachtmahlen, und er hatte die Einladung der Majorin, gegen die er sich Anfangs mit Rücksicht auf die späte Stunde, zu der man beim Civil soupire, gesträubt hatte, erst angenommen, als ihm von der Wittwe versichert worden war, dass bei Frau Blum noch vor dem Souper, und zwar schon um neun Uhr, ausgiebige Erfrischungen herumgereicht würden. Die Hausfrau stellte den Obersten und den Privatdocenten einander vor, und der letztere wusste die Schritte des Kriegers in unauffälliger Weise derart zu lenken, dass sie plötzlich vor dem »Dornauszieher« standen. Er suchte jetzt in möglichst schonender Weise einen kleinen Vortrag über dieses Kunstwerk zu beginnen, allein der Oberst besah dasselbe nur von rückwärts und machte hierauf, sichtlich enttäuscht, wahrscheinlich weil sich auch dort kein Büffet befand, schleunigst Rechtsum. Er warf sich, ohne sich um den Kunstgelehrten weiter zu kümmern, in einen Lehnstuhl, wo er in fieberhafter Ungeduld seinen riesigen Schnurrbart drehte.

Nach und nach begannen die Säle sich mit einer grösstentheils kunstsinnigen Gesellschaft zu füllen. Von den beiden jungen Männern, die mit einander sprachen, ohne jedoch einander zuzuhören, war der Eine ein Arzt, der ein leidenschaftlicher Klavierspieler war, und in Folge dessen, wenn er zu einem Patienten gerufen wurde, in hohem Grade zerstreut war. Eine Hofräthin, die ihn eiligst hatte holen lassen, weil sie besorgte, dass sie Mittags giftige Schwämme gegessen habe, erzählte nachher, dass er, während er ihr angeblich den Puls gefühlt, mit seinen Fingern heimlich den »Rakoczymarsch« auf ihrem Arme gespielt habe. Der Andere war ein Advokat, der bisher vergebens Lustspiele gedichtet, vor Kurzem aber das Glück gehabt hatte, dass eines derselben in Brünn aufgeführt wurde, und, da seine Schwester an einen der hervorragendsten Tuchfabrikanten daselbst verheiratet war, einen Achtungserfolg errang.

Der beleibte Schnellsegler, der in solcher Aufregung durch die Säle eilte und eine Dame an seinem Arme mühsam nachschleppte, war ein Reichstagsabgeordneter, ein sehr reicher Spinnfabrikant und leidenschaftlicher Schutzzöllner, der ein Sendschreiben an den Handelsminister unter dem Titel: »Wir verhungern!« veröffentlicht hatte. Er remorquirte seine Gattin zu einem Lehnstuhle, die, obwohl sie schon vierzig Jahre alt war, erst begonnen hatte, Gesangsunterricht zu nehmen, eine Neigung, welche ihr Manne eifrigst unterstützte, da nach seiner Ansicht auch die inländischen Stimmen, sowie andere Erzeugnisse des Inlandes, desto dringender der Pflege und des Schutzes bedürften, je mehr es ihnen an den natürlichen Bedingungen der Entwicklung fehlte. Das magere Fräulein mit langen Locken war eine beliebte Schriftstellerin, die für sämmtliche deutsche Wochenblätter Artikel über die Gewohnheiten der Stubenfliegen schrieb. Ihre Gesichtszüge drückten eine gespannte Aufmerksamkeit aus und sie hatte den Kopf nach der Seite geneigt, eine Körperhaltung, die ihr in Folge eines langjährigen Belauschens des Summens der Fliegen eigenthümlich geworden war. Auch ein Liebling der Salons, ein Ministerialsekretär, war anwesend, der die Geberden und Stimmen der Hofschauspieler nachahmte, und erst vor Kurzem in einer Gesellschaft, in der sich auch sein Minister befand, einen Komiker des Burgtheaters so treffend imitirt hatte, dass die Überzeugung allgemein war, er werde nächstens in die Stelle eines Sektionsrathes vorrücken.

Der sanfte Terpentingeruch, der sich verbreitete, rührte von einem Maler her, der für die Provinzstädte Allegorieen malte. Frau Blum selbst war ihm zu einer Themis gesessen und thronte jetzt mit verbundenen Augen, ein Schwert in der einen und eine Waage in der anderen Hand, in einem galizischen Schwurgerichtssaale. Auch die Majorswittwe, die eben hereingerauscht war, und deren Anwesenheit sich durch die Küsse verrieth, von denen alle Räume widerhallten, hatte er verewigt, und diese zierte als Göttin der Gesundheit den Versammlungssaal eines böhmischen Apothekergremiums. Schade, dass sein Blick nicht auf den Mann mit zerzaustem Haare und Barte und in höchst verwahrloster Toilette fiel, der unbeweglich, die Arme über die Brust gekreuzt, gerade vor der Eingangsthüre stand und dort demonstrativ nachdachte. Er hätte ihn für eine allegorische Darstellung der Verkehrshindernisse vortrefflich benutzen können. Es war ein Germanist, der es sich zur Lebensaufgabe gemacht hatte, die bisher für richtig gehaltenen Angaben über die Geburtsorte der Minnesänger als irrige nachzuweisen, und eben wieder in einer Abhandlung, die er der Wiener Akademie der Wissenschaften überreicht hatte, darzuthun bemüht war, dass Walther von der Vogelweide in Sievring bei Wien das Licht der Welt erblickt habe. Er war nebenbei einer der eifrigsten Anhänger des jüngsten Minnesängers, Richard Wagner's, und hatte zur Feier des letzten Geburtstages desselben eine Festschrift veröffentlicht, in welcher er die Behauptung widerlegte, dass Wagner in dem Hause am Brühl in Leipzig, das eine Gedenktafel daselbst als sein Geburtshaus bezeichnet, geboren worden sei. Der Brühl sei nämlich seit jeher das eigentliche Judenviertel Leipzigs gewesen und man könne unmöglich die Geburtsstätte des glorreichsten Bekämpfers der Juden seit Kaiser Titus dorthin verlegen, wenn man nicht der Ansicht einiger Widersacher des Meisters beipflichten wolle, dass dieser selbst jüdischer Abstammung sei.

Der Baron mit der Riesenglatze, die selbst bei den Ballethabitués des Opernhauses jedes Mal Staunen erregte, war ein Beschützer der Künste. Er wurde allgemein als der legitime Urheber eines dreimonatlichen Unwohlseins einer beliebten Vorstadtschauspielerin anerkannt, und liess sich gerade dem Allegorieenmaler vorstellen, den er fragte, wie viele Sitzungen nach dessen Ansicht für das Porträt eines neugeborenen Kindes nothwendig seien?

Plötzlich sprang Frau Blum, die mit der Gattin des Direktors einer Taubstummenanstalt in einen freundschaftlichen Streit über ein Salzfass des Benvenuto Cellini verwickelt war, vom Sofa auf, und eilte dem eintretenden Doktor Brauser entgegen, dem gefürchteten Musikkritiker und Feuilletonisten. Sie nahm ihm das Packet Bücher ab, das er jedes Mal, wenn er eine Gesellschaft besuchte, unter dem Arme trug, hing sich dann an seinen Arm, und während sie ihn durch alle Säle geleitete, flüsterte sie ihm vertraulich in das so musikverständige Ohr:

»Nun, ich denke, Sie werden heute Stoff für ein sehr geistreiches Feuilleton haben. Ich habe es an Nichts fehlen lassen, Sie finden Alles was Sie brauchen.«

Schon hatte der Bediente dem pensionirten Oberst, dessen Gesichtszüge statt des bisherigen energischen, fast wilden Charakters den milden Ausdruck eines halbsatten Greises angenommen hatten, zum vierten Male belegte Butterbrode gereicht, und noch immer waren die beiden Magnete der Gesellschaft: Leonie und Schwappel, nicht erschienen. Aber endlich trat die schöne Frau am Arme ihres Mannes ein. Sie trug ein dunkles Seidenkleid und hatte ein Bouquet von bescheidenen Scabiosen in der Hand. Sie sah aus wie eine elegante schöne Wittwe, die nach beendigtem Trauerjahre wieder in die Gesellschaft geht und deren Gesicht noch die letzten Spuren des Grames verräth, der einer traurigen Vergangenheit angehört, aber auch schon das Aufblühen eines Lächelns, mit dem man zukünftigen Triumphen entgegensieht. Sie war bezaubernd. Sie sah die glänzenden Blicke der Männer auf ihrer Gestalt ruhen, sie hörte alle die Schmeichelausdrücke der Bewunderung und roch zu ihrem Bouquet. Aber sofort drängten sich alle Damen, die sie kannten, an sie heran, um sie zu begrüssen und zu verhüten, dass sie allein die Huldigungen der Männer absorbire. Der Maler von Allegorieen für die Provinz aber rief, als er sie erblickte:

»Gott sei Dank, da hätte ich ja das Vertrauen gefunden, das die Sparkasse in Arad bei mir bestellt hat!«

Doch mit einem Male wandten sich die Köpfe der Anwesenden gegen die Thüre, an deren Schwelle Schwappel mit zwei Begleitern erschienen war. Nachdem dieser sein Haar mit der Hand leicht aufgelockert hatte, warf er einen Blick auf die Gesellschaft – dämonisch, aber müde. Es herrschte eine weihevolle Stille, allein plötzlich hörte man ein lautes Niesen, das sich wiederholte und nach einer kleinen Pause von Neuem losplatzte. Alles sah Frau Gerstner an, und sie war es auch in der That, die dreimal nacheinander geniest hatte. Ihre Nasenschleimhäute waren nämlich nicht nur für physische Reizungen sehr empfindlich, sie wurden auch durch seelische Vorgänge erregt und ihre Bewunderung Schwappel's verursachte ihr einen Kitzel in der Nase, dem sie nicht zu widerstehen vermochte. Frau Blum war entrüstet über diese prosaische Störung der allgemeinen Andacht, aber sie fühlte in diesem Augenblicke zu gross, um ihren Ärger nicht sogleich zu unterdrücken. Sie empfing Schwappel, der auf sie zugetreten war, enthusiastisch. Da der eine seiner Begleiter, Herr Goldschein, Frau Blum bereits bekannt war, stellte er nur den anderen vor, einen grossen und starken Mann, den Menschenkenner auf den ersten Blick für einen Schmiedegesellen gehalten hätten. Aber die Menschenkenner würden sich lächerlich gemacht haben, denn es war Herr Straubinger aus Passau, welcher erst vor wenigen Tagen mit einer warmen Empfehlung des Meisters, der ihn für den grössten lebenden Sänger des Wuotan erklärte, nach Wien gekommen war. Schwappel's Brust war mit dem persischen Sonnenorden geschmückt. Er hatte diesen während der Anwesenheit des Schah in Wien für die Widmung einer »Hymne an Ormuzd« erhalten, in der den fremdländischen Monarchen namentlich das Hammelgeblöke, das darin musikalisch wiedergegeben war, tief ergriffen hatte. Goldschein trug nur das bescheidene Bändchen des tunesischen Nischan-Iftikhar-Ordens, den ihm sein Schneider, dessen Bruder Leibkoch des Bey von Tunis war, verschafft hatte, während Straubinger's Frack eine Medaille zierte, die er als Belohnung für die Lebensrettung des Schosshündchens einer bairischen Prinzessin, das in einen Bach gefallen war, bekommen hatte.

Schwappel gab selbstverständlich dem Flehen der Hausfrau, die Gesellschaft durch sein Spiel zu entzücken, nur mit Widerstreben nach und versprach, eine Kleinigkeit selbst zu spielen und sodann Straubinger, der bereit sei, zu singen, und zwar zum ersten Male in Wien, auf dem Piano zu begleiten. Frau Blum war sehr gerührt; sie habe immer, rief sie, für die

Kunst zu wirken gesucht, aber der Lohn sei weit grösser als ihr Verdienst, denn mit dem heutigen Abend werde von ihrem Salon aus eine neue Periode in der Geschichte der Musik beginnen. Frau Blum ergriff den Arm Schwappel's, die Majorswittwe hatte schon früher von jenem Goldschein's Besitz genommen, und die Gesellschaft verfügte sich in den Konzertsaal. Nur das Fräulein, das die Gewohnheiten der Stubenfliegen in sämmtlichen deutschen Wochenblättern beschrieb, war zurückgeblieben und in tiefen Betrachtungen vor einer Herkulesstatue stehen geblieben. Auf einem Lendenmuskel des Halbgottes sass nämlich eine Fliege, die sich einige Male, vielleicht weil sie etwas verschlafen war, mit einem der Füsse über den Kopf fuhr. Vielleicht werden sämmtliche deutsche Wochenblätter schon bald die Mittheilung bringen, dass die Stubenfliegen auch satirische Gewohnheiten haben. Denn die Fliege trat, als sie sich beobachtet sah, mit einem Male einen Spaziergang an, so dass das Fräulein die Feigenblätter eines Orangenbäumchens behutsam bei Seite schieben gezwungen war, um das Treiben der Fliege weiter beobachten zu können. Nachdem der Fliege dieser unzarte Scherz gelungen war, flog sie heiter davon.

Frau Blum hatte zur Feier der neuen Periode in der Geschichte der Musik auch mit ihren bisherigen Tendenzen in der bildenden Kunst gebrochen, indem sie der modernsten Plastik die Pforten des Konzertsaales geöffnet hatte. In der Mitte desselben befand sich nämlich die Büste Wagner's aus Gyps auf einem hohen Postamente, das trotz seines unverfänglichen

Charakters ebenfalls mit Blumen verhüllt war. Frau Blum nahm einen Lorbeerkranz mit einer grossen weissen Kokarde, der auf dem Piano lag, und bekränzte unter dem lebhaften Beifalle der Gesellschaft den schwefelsauren Kalk, der die Züge des Meisters trug. Goldschein trat vor das Klavier und verbeugte sich dreimal im Namen des abwesenden Dichterkomponisten. Nachdem er unter erneutem Beifalle, an dem sich die Majorswittwe diesmal besonders lebhaft betheiligte, auf seinen Platz zurückgekehrt war, setzte sich Schwappel zum Klaviere. Er legte die Hände neben einander auf die Tasten, zog die Schultern ein und beugte den Oberleib so weit nach vorne, dass die Haare auf die Tasten niederfielen. Ein Fremder, der eingetreten wäre, hätte geglaubt, es sei Jemand während des Klavierspielens eingeschlafen. Aber es war nur der Klaviertiger, der zum Sprunge ausholte. Denn mit einem Male richtete er sich auf, seine Züge verzerrten sich, sein Auge rollte, er blähte die Nüstern, als gälte es, einen Sturm aus der Nase zu blasen, zeigte seine weissen Zähne, fasste das Pedal mit den Füssen, als wollte er es zertreten, hob die Hände bis über den Kopf, fiel mit gierigen Krallen über das schöne, schlanke, edel gebaute Klavier her, und nun begann ein musikalisches Zerfleischen – jedoch nur eines dritten Ranges. Keiner wusste, ob das Beethoven, Berlioz, Wagner, eigene Komposition oder bloss geniales Präludiren sei. Selbst Doktor Brauser wusste es nicht und fixirte die Wand gegenüber. Aber auch dort befand sich kein gedrucktes Programm mit dem Namen des Komponisten.

Leonie sass neben ihrem Manne, sie hörte gar nicht, was gespielt wurde, aber blickte von Zeit zu Zeit das Gesicht des Spielers an, denn der tobende Schwächling mit dem Geberdenspiele eines Athleten interessirte sie. Man findet in den Salons höchstens elegante, witzige oder sentimentale, aber sehr selten leidenschaftliche Menschen. Leonie hatte nie einen solchen Mann kennen gelernt und sie hielt Schwappel dafür. Dieser kam ihr auch hübsch vor, freilich war er schwarz, schwächlich und blass, während ihr Mann, auf den sie hin und wieder verstohlen blickte, blond, breit und roth war.

Goldschein zog die Manschetten hervor, höhlte die beiden Hände und trat an Schwappel heran, woraus die Gesellschaft entnahm, dass das Klavierstück seinem Ende entgegen gehe und, um zu zeigen, dass ihr dies bekannt sei, in einen Beifallssturm ausbrach. Schwappel raste noch einmal über die Tasten, es fiel ein Faustschlag auf diese nieder, darauf kam ein Pianissimo, dann tupfte er mehrere Male auf eine Taste und nach einer Pause noch ein einziges Mal und sank erschöpft zurück. Goldschein zog ein Taschentuch aus der Brust und nachdem er es dem Freunde gereicht und dieser sich damit das Gesicht abgetrocknet hatte, entfaltete er es sorgfältig und betrachtete es andächtig. Aber es passiren in unserer Zeit keine Wunder mehr, das Gesicht Schwappel's war auf dem Taschentuche nicht abgedrückt, wie jenes Christi auf dem Schweisstuche der heiligen Veronika.

Die Damen bildeten einen Kreis um Schwappel und überhäuften ihn mit allen jenen Adjektiven des Entzückens, die in den Konzertsälen schon längst das Bürgerrecht erlangt haben. Doktor Brauser hatte inzwischen durch glückliches Laviren von Goldschein erfahren, dass das vorgetragene Musikstück der »Galopp der Berserkerbräute« aus Schwappel's Symphonie war. Er trat daher auch in den Kreis ein und erklärte, dass in der Komposition Schwappel's wohl der Geist Wagner's wehe, sowie dies in allem wirklich Grossen, das wir in der Musik noch fernerhin zu erwarten hätten, der Fall sein werde, allein mit Ausnahme der Stelle Diridiridiri, die leise an den »Walkürenritt« des Meisters mahne, verrathe jeder Takt die Selbständigkeit des Genies. Er staune über die Grossartigkeit der Harmonie, die nirgends an melodischer Kurzathmigkeit kranke. Allerdings habe er die »Berserker-Symphonie« zu Hause auf dem Klaviere durchgespielt, aber er schäme sich durchaus nicht, einzugestehen, dass ihm erst durch den meisterhaften Vortrag des Komponisten das wahre Verständniss erschlossen worden sei. Nach seiner Ansicht hätte die in ihrer Art einzige Stelle Dadaramdamdam, wo man die Berserkerbräute beinahe strampfen zu hören glaube, nur gewinnen können, wenn sie noch mehr presto gespielt worden wäre. Doch seien dies kleine Bedenken, die er nur äussere, weil das Lob des Kritikers desto mehr wirke, wenn man erkenne, dass dieser auch mit der unangenehmen Wahrheit nicht zurückhalte. Schwappel, der die Kritik berufsmässig auf's Tiefste verachtete, war doch zu vornehm, dies den starkgelesenen Musikkritiker fühlen zu lassen, und er erwiederte, er sei stolz darauf, eine solche Würdigung erfahren zu haben, obwohl von einem Manne, wie Doktor Brauser, dem die neue Musik es verdanke, dass ihr die Wege in Wien geebnet wurden, eine Unterstützung jedes ernsten Strebens in diese Richtung erwartet werden durfte. Was die Bemerkung bezüglich des Vortrages betreffe, so sei er überrascht von der Schlagfertigkeit, mit welcher Doktor Brauser das grösste Gebrechen desselben herausgefunden habe und er könne ihm nur zum grössten Dank verpflichtet sein, dass er ihn hierauf aufmerksam gemacht habe. Eine solche Kritik sei wahrhaft produktiv, indem sie nicht nur tadle, sondern auch andeute, wie ein Fehler wieder gut zu machen sei.

Während in dieser Weise Kunst und Kritik einander huldigten, hatte die Majorswittwe den Lorbeerkranz von der Büste Wagner's abgenommen und, indem sie sich hinter Schwappel schlich, drückte sie ihm denselben jetzt auf's Haupt. Nur hatte sie ihm in der Eile den Kranz verkehrt aufgesetzt, so dass sich die weisse Atlaskokarde auf der Stirne befand und die langen Bänder über das Gesicht fielen, ein Schauspiel, das die gehobene Stimmung der Gruppe mit einem Male in eine nur schlecht verhehlte Heiterkeit verwandelte. Der dämonische Schwappel war wüthend, denn er glaubte Anfangs, einer jener Spassvögel, die so gerne in den Konzertsälen nisten, habe ihm eine Frauenhaube aufgesetzt, und erst als er die vermeintliche weibliche Kopfbedeckung sich vom Kopfe riss und den Lorbeerkranz sah, fand er seinen dämonischen Gleichmuth wieder. Frau Blum war ausser sich und sagte händeringend zur Majorswittwe, der es schmeichelte, ebenfalls zur Erheiterung der Gesellschaft beigetragen zu haben:

»Sie wissen, wie sehr ich Ihre vielseitige Begabung schätze, aber in das Labyrinth der Kunst sollten Sie sich nie verirren. Die Kränze sind nicht so einfach wie sie aussehen und Alles will gelernt sein, liebste Freundin.«

Der junge Advokat aber, der eine Lustspielbegabung für Brünn hatte, rieb sich freudig die Hände, denn die Bekränzung, die er eben mit angesehen hatte, war ein äusserst wirksamer Aktschluss, der in jedem, nicht nur im Brünner Theater, ein schallendes Gelächter hervorrufen musste. Die Hausfrau war bestrebt, den peinlichen Eindruck dieser Szene so schnell als möglich zu verwischen und traf rasch die Vorbereitungen für die Fortsetzung des Konzertes. Goldschein verkündete, dass Straubinger den Schlussmonolog Wuotans aus der »Walküre« vortragen und Schwappel ihn begleiten werde. Während Schwappel sich wieder im Vollbesitze seiner genialen Abspannung zum Klaviere setzte, machte sich Goldschein um den Sänger zu schaffen. Er besah ihn von vorne und hinten, er lockerte ihm, mit beiden Armen dessen Hüften umschlingend, hinter dem Fracke die Westenschnalle, dann steckte er ihm, sich auf den Fussspitzen erhebend, zwei Finger zwischen den Hemdkragen, um zu untersuchen, ob die Kehle nicht zu eingepresst sei, und endlich flüsterte er ihm etwas ins Ohr, worauf Straubinger mit dem Kopfe nickte und ihm sein Sacktuch zeigte. Und nun verfügte sich Goldschein auf die andere Seite des Klaviers neben Schwappel, und der Passauer Sänger begann, indem er die vierzigjährige Gesangsnovize fixirte:

»Leb' wohl, du kühnes herrliches Kind! Du meines Herzens heiliger Stolz, leb' wohl! leb' wohl!«

Schon nach diesem dreimaligen »Leb' wohl« des Gottes erhob sich ein stürmisches Beifallsklatschen, denn das war keine Menschenstimme mehr, es war das Lebewohl eines Ochsen, der zur Schlachtbank geführt wird. Der Sänger hielt während des Vortrages den rechten Arm steif ausgestreckt, um den Speer anzudeuten, von dem sich bekanntlich der Wuotan Wagner's niemals trennt. Nur als die Stelle kam, in der Wuotan Brünnhilden einen Bräutigam in Aussicht stellt, »der freier, als ich, der Gott«, und diese sich ihm, erfreut über diese unerwartete Überraschung, »gerührt und entzückt in die Arme wirft«, bückte sich Straubinger, spreizte die Füsse weit auseinander und beschrieb mit beiden Armen einen so weitläufigen Kreis, dass aus der ganzen Umarmungspantomime hervorging, er stelle sich Brünnhilde als ein untersetztes Frauenzimmer von aussergewöhnlicher Beleibtheit vor. Auch zum Schlusse gab er noch eine Probe seiner schauspielerischen Begabung, denn, nachdem er, um von Brünnhilde »die Gottheit zu küssen«, diese »auf beide Augen küsst«, war sein Spiel von solcher realistischer Wahrheit, dass man die beiden Schmätze noch im nächsten Zimmer hörte. Die Majorswittwe war ausserordentlich ergriffen und flüsterte der neben ihr sitzenden Frau Gerstner zu:

»Ganz wie mein Seliger, als er wegen der Bildung eines Grenzkordons in der Bukowina gegen die Rinderpest von mir Abschied nahm!« worauf Frau Gerstner, um ihre Rührung zu verbergen, den Fächer vorhielt und hinter demselben ergriffen nieste.

Nachdem der Vortrag beendet war, wurde der Sänger auf's Wärmste beglückwünscht, sodass Goldschein hinauseilte, um diesen ersten entscheidenden Erfolg des besten Wuotansängers in Wien dem Meister zu telegrafiren. Doktor Brauser war des Lobes voll über den Sänger und sprach einige gehaltvolle kritische Worte über dessen Ansatz, Mittellage und Athemholen. Er theilte ihm mit, dass er als Fachmann sich auch für den anatomischen Bau des Stimmorgans interessire, wie er denn auch in der That die Stimmwerkzeuge der grössten Sänger und Sängerinnen, die er zu hören in der Lage war, genau besehen und untersucht habe. Selbstverständlich müsste es für ihn von höchstem Werthe sein, in gleicher Weise den Kehlkopf des ersten Wuotansängers zu besichtigen, um vergleichende anatomische Untersuchungen anstellen zu können, und er ersuche diesen daher, den Mund so weit als möglich öffnen zu wollen. Straubinger wusste die ihm zugedachte Ehre zu würdigen und sperrte den Mund so weit auf, dass einige nervöse Damen zu schreien begannen. Doktor Brauser nahm den Handleuchter, den man ihm gebracht hatte, hielt ihn gegen den Mund des Sängers und murmelte vor sich hin: »Ganz wie ich es mir gedacht habe«, dann sah er ihm in den Hals, wobei er mehrere Male den hervorstehenden Adamsapfel des Sängers mit dem Zeigefinger rieb. Die Majorswittwe sagte leise zu Frau Blum:

»Ein Sänger kann sich das gefallen lassen, aber wenn ich Sängerin wäre, liesse ich mir von einem fremden Manne nicht so tief in den Hals hineinschauen«, worauf die Angesprochene schlagfertig wie immer erwiederte:

»Die Kunst, liebe Majorin, hat kein Geschlecht!«

Endlich zog der Kritiker den Kopf zurück, drükkte die Hand des Sängers, und rief:

»Ganz phänomenal!«

Hierauf nahm er ein Notizbuch aus der Brusttasche und schrieb in dasselbe einige, wahrscheinlich anatomische Bemerkungen.

»Ich begreife nicht«, sagte Herr von Malzau zu Leonie, »wie man von diesem Sänger entzückt sein kann, freilich langweilt mich auch der ganze Wuotan.«

»Er ist allerdings zu vierschrötig und plump«, antwortete Leonie, nach dem Bauche ihres Mannes schielend, »aber er braucht wenigstens keine Liebhaberrollen zu singen, denn, dass er verliebt sein könne, würde man ihm nicht glauben.«

»Dagegen aber dem Anderen, dem Schwappel. Was er für Augen hat!«

»Sein Spiel verräth Feuer und Kraft und aus seiner Symphonie, die er gespielt hat, sprüht die Leidenschaft. Er erinnert mich an Rubinstein.«

Schwappel, dem schon früher die Theilnahme der schönsten und elegantesten Frau in der Gesellschaft für ihn und sein Spiel nicht entgangen war, hatte bereits Erkundigungen über Leonie eingezogen, und da er jetzt merkte, dass sich Leonie und ihr Mann mit ihm beschäftigten, liess er sich diesen durch die Hausfrau vorstellen.

»Sie haben meine Frau«, bemerkte Herr von Malzau, »sowohl durch Ihr Spiel wie durch Ihre Komposition entzückt. Ich verstehe von beiden nichts und könnte Ihnen daher nur ein ungeschicktes Kompliment machen. Dagegen ist Leonie sehr musikalisch und spielt nur die ›Nibelungen‹ Wagner's, so dass ich meine Frau schon lange nicht gehört habe, denn die Leitmotive Wagner's und die Leitartikel über die orientalische Frage sind mir gleich langweilig.«

Schwappel hatte sich vor Leonie, die erröthet war, verbeugt, dann wandte er sich zu Herrn von Malzau und sagte bitter lachend:

»Wagner lebt noch, und das ist jedenfalls ein Fehler, vor dem sich das Genie am meisten hüten muss. Erst wenn es diesen Fehler abgelegt hat, ist man bereit, auch die Vorzüge desselben anzuerkennen.«

Leonie nickte mit dem Kopfe zustimmend, ihr Mann aber erwiederte gutmüthig:

»Die arme Nachwelt. Wenn sie alle Wechsel einlösen müsste, die auf sie gezogen werden, bliebe ihr nichts übrig, als sich bankrott zu erklären.«

Frau Blum, der die Äusserung von Meinungsverschiedenheiten in ihrem Salon unangenehm war, und die auch das Wort Bankrott verabscheute, das sie an die kummervolle Ursache ihres behaglichen Daseins erinnerte, unterbrach das Gespräch:

»Ach, Herr von Malzau, Sie scheinen nicht nur ein Gegner der neuen Musik, sondern auch der alten Plastik zu sein, denn Sie haben sich ja mein Museum noch niemals genau angesehen. Leonie besucht mich wenigstens Vormittags hin und wieder, Sie aber meiden mich zu jeder Tageszeit. Kommen Sie, Barbar, und reichen Sie mir Ihren Arm!«

Der arme Herr von Malzau musste der Frau Blum den Arm reichen, die, als sie an Doktor Brauser vorübergingen, diesem in's Ohr wisperte:

»Schildern Sie mich in Ihrem Feuilleton nicht etwa als Bärenführerin, Bösewicht!«

Als sich Schwappel hatte vorstellen lassen, war er entschlossen, das Glück, das ihm so häufig bei den Frauen hold gewesen war, auch bei Frau von Malzau zu versuchen und das Interesse, das sie offenbar für ihn empfand, sofort auszubeuten. Man gewinnt zwar das Herz einer Frau vielleicht eher durch ein Bonbon, das man ihr in einem stimmungsvollen Augenblicke anbietet, oder, indem man sich bückt, um den Handschuh aufzuheben, den sie fallen liess, als dadurch, dass man ihre Ansichten über die Musik theilt. Aber es schien ihm, dass ein auch noch so kleiner Gegensatz zwischen Mann und Frau dem Liebhaber nur förderlich sein könne, und umso eher, wenn der Liebhaber ein genialer Künstler und der Mann ein dicker Rentier wäre. Während er sich daher neben Leonie auf den Stuhl setzte, den ihr Mann bisher eingenommen hatte, erschien ihm dies wie ein symbolischer Akt der Entthronung desselben.

Leonie entschuldigte ihren Mann, dem die Musik gleichgiltig sei und der daher gewiss nicht geahnt habe, wie verletzend es für Jeden sein müsse, dem jene Herzenssache sei und noch mehr für einen Künstler, der nicht bloss den Meister verehre, wie sie und tausend Andere, sondern auf denselben Wegen wandle wie dieser und schon jetzt neben ihm genannt werde.

Schwappel dankte gerührt für den Antheil, den sie an seinem Streben nehme, und trug dann mit vielem Ausdrucke ein Adagio über die Vereinsamung des Genies vor und wie es seit jeher edle Frauen gewesen seien, die dieses in seiner Verlassenheit aufgerichtet hätten. In mancher trüben Stunde, schloss er, habe ihn die Verzweiflung so übermannt, dass er auf die Kunst verzichten wollte, weil er nicht länger das Martyrium, das sie auferlege, trage zu können vermeinte. Da habe er den Blick zu dem Bilde des Meisters erhoben und es sei ihm gewesen, als hätte das milde Auge des Dulders auf ihm geruht und ihn ermuthigt, auszuharren. Und heute, da er den »Galopp« aus seiner Symphonie gespielt und sich erinnert habe, was er gelitten, als er dieses Werk geschaffen, da sei es ihm gewesen, als hätte die Muse lange ihren Blick auf ihn gerichtet und er habe gefühlt, dass er, so lange er in dieses herrliche Auge sehen dürfte, immer wieder den Muth zu neuem Schaffen fände.

Die Muse erröthete bei dieser Anspielung, betrachtete sinnend ihren Fächer und begann, als sei ihr in Folge des Nachdenkens eingefallen, wozu dieser bestimmt sei, sich mit ihm Luft zuzuwehen. Dann sah sie den Märtyrer an, dessen Blick so schmachtend über ihre vollen Schultern hinglitt, dass das Neue, was er in diesem Augenblicke geschaffen hätte, gewiss nichts Anderes als ein Kuss gewesen wäre. O Schwappel, auch diesen Gedanken hatten, wie alle Deine anderen, schon Viele vor Dir gehabt! Leonie hielt Schwappel wirklich für unglücklich, und sie war geschmeichelt durch die Liebe, die sie dem Künstler einflösste, etwas zu dem Unglücke desselben beitragen zu können.

Indem sie ihr Bouquet erhob und die einzelnen Blumen darin mit Interesse betrachtete, bemerkte sie, dass der grosse Künstler nicht dauernd lieben könne, da die Kunst stets ihre älteren Rechte auf das Herz desselben geltend machen werde. Schwappel behauptete das Gegentheil, da die Liebe den Künstler zu grossen Schöpfungen begeistere, und der Ton, in dem er seine Auseinandersetzungen vortrug, war ein so bewegter, dass diese nichts Anderes als eine logische Folge von Liebeserklärungen waren.

»Wie«, rief er, »die Liebe sollte den Künstler nicht begeistern? Eine Zeile von der Hand der Frau, die man verehrt, eine Schleife, die sie getragen, eine Blume, die sie berührt hat, vermag es!«

Und dabei streckte er die Hand wie flehend nach dem Bouquet Leoniens aus. Doch ihr war offenbar diese Bewegung entgangen, denn sie verrieth nicht die geringste Unruhe, sie lächelte vielmehr unbefangen und sagte:

»Ich glaube aber in der That, dass es Frau Blum gelungen ist, meinen Gemal für die alte Kunst zu begeistern, denn er scheint gar nicht mehr zu mir zurückkehren zu wollen.«

Sie erhob sich bei diesen Worten vom Stuhle und machte einige Schritte, als wollte sie den Säumigen aufsuchen. Auch Schwappel erhob sich zögernd, denn es gibt nichts, was einen Verliebten mehr zu verblüffen vermag, als wenn ihn die Geliebte, nachdem sie eine längere Liebeserklärung angehört, plötzlich ruhig fragt: Wie befinden Sie sich? oder durch eine ähnliche Redewendung den schönen Gleichmuth ihrer Seele zu erkennen gibt. Glücklicher Weise wurde Schwappel aus seiner Unschlüssigkeit erlöst, denn in diesem Augenblicke kamen Frau Blum mit Herrn von Malzau und die Majorswittwe mit Goldschein heran.

»Denken Sie«, rief Frau Blum, »Ihr Tyrann will Sie uns durchaus schon vor dem Souper entführen; es ist das ein Beweis, dass sich sein Kunstsinn zu entwickeln beginnt, denn er hatte kaum die ›Nacht‹ von Michel Angelo angesehen und begann schon zu gähnen, als wenn es vier Uhr Morgens gewesen wäre. Wie schade, dass ich ihm nicht das ›Abendmahl‹ von Lionardo gezeigt habe, denn er hätte dann gewiss die Sehnsucht empfunden, ebenfalls zu soupiren.«

Alle lachten und Herr von Malzau am lautesten. Er stellte dann seiner Frau Goldschein vor und sich zu Schwappel wendend, sprach er die Hoffnung aus, beide Freunde nächstens bei sich zu sehen, worauf Leonie erklärte, es würde sie sehr freuen, beide Herren bei sich empfangen zu können. Goldschein führte die Majorswittwe zu Tische, Frau Blum geleitete das Ehepaar Malzau, Schwappel aber blieb im Konzertsaal allein zurück. Als Leonie im Begriffe war, den Saal zu verlassen, da fiel die grösste und schönste Scabiose aus ihrem Bouquet. Hatte sie die arme Blume in der Zerstreutheit aus dem Strausse gepflückt? Wir wissen es nicht. An der Schwelle blickte Leonie in den Spiegel, um eine Falte ihres Kleides glatt zu streichen. Da sah sie im Hintergrunde einen bleichen Mann stehen, der mit leidenschaftlicher Erregung eine Blume an seine Lippen presste.

v. Leonie war am nächsten Morgen mit einem Lächeln aufgewacht. Sie war mit der Erinnerung, dass Schwappel sie seine Muse genannt hatte, eingeschlafen, und da sie als Mädchen wiederholt eine hervorragende Rolle in lebenden Bildern gespielt hatte, die sich, wie man weiss, seit einiger Zeit in den Salons eingebürgert haben, war ihr ein solches im Traume erschienen. Sie sah nämlich eine Frau von wunderbarer Schönheit in antiker, faltenreicher Gewandung, zu deren Füssen ein idealer Jüngling ruhte, der kummervoll in die Saiten einer goldenen Lyra griff und zu der hehren Frauengestalt aufblickte, die einen Lorbeerkranz wand, aber so unbefangen, als wüsste sie nicht, was an ihrem Piedestal vorgehe und als würde sie jenes Gewinde »auf Lager« arbeiten. Das ideale Weib sah Leonien zum Sprechen ähnlich und selbst der Traum hatte an ihrer Gestalt nichts zu ändern gefunden. Der gepeinigte Jüngling jedoch trug wohl die Züge von Schwappel, hatte aber eine edler geschnittene Nase als dieser, auch war das Oval seines Gesichtes weit regelmässiger, ferner hatte er auf der linken Seite des Kinnes keine Warze wie der dämonische Virtuose und endlich waren seine Hände nicht durch das Klavierspielen entstellt, wie jene Schwappel's. Leonie besichtigte das Lächeln, mit dem sie die Augen geöffnet hatte, im Spiegel und da sie nichts daran auszusetzen fand, behielt sie es bis zum Frühstücke bei, wo die rauhe Wirklichkeit, die sich bereits mit Thee und kaltem Fleische gestärkt hatte, mit einem: »Guten Morgen, Weibchen!« alle ihre Traumgesichte verscheuchte.

»Nun, ich denke«, sagte Herr von Malzau, indem er mit prosaischer Behaglichkeit sich im Stuhle räkelte, »wir thun sehr gut daran, dass wir so selten in Gesellschaft gehen, denn gestern haben wir doch genug Langeweile ausgestanden.«

»Es ist mir nicht aufgefallen, dass wir uns an anderen Abenden viel besser unterhalten haben. Allerdings bist Du etwas später in's Bett gekommen als sonst –«

»Du wirst wohl auch recht froh gewesen sein, liebes Kind, dass Du endlich schlafen gehen konntest, denn ich rauchte noch eine Cigarre und da die Thüre

Deines Schlafzimmers offen geblieben war, hörte ich Dich, kaum zehn Minuten später, nachdem ich Dir gute Nacht gesagt hatte, schnarchen.«

Leonie würdigte eine solche Verleumdung keiner Antwort, sie nahm das neueste Heft einer Modenzeitung in die Hand und nach und nach ging ihr Unwille in einer leichten Träumerei über die neuesten Formen der Frühlingshüte unter. Und es war wirklich die höchste Zeit, an diese zu denken. Denn es war heute der erste schöne Frühlingstag und plötzlich drang durch die geschlossenen Fenster das Sonnenlicht hinein, so dass Leonie, die Augen vor dem grellen Scheine schliessend, sich in den Stuhl zurücklehnte, während ihr Mann, dem die Frühlingssonne warm machte, sich die Stirne wischte und von seinem Stuhle erhob. Leonie dachte an das plötzliche Hereindringen des Frühlings während der Ehebruchsscene zwischen Siegmund und Sieglinde in der »Walküre« und deklamirte halblaut die Worte Sieglindens:

»Ha, wer ging, wer kam herein?«

Ihr Mann, der gegen das Fenster zugeschritten war, um das Schösschen in demselben zu öffnen, glaubte, dass diese Frage ihm gelte und erwiederte, indem er sich umwandte:

»Ich will nur ein Bischen lüften, denn es fängt an, sehr warm zu werden.«

Leonie fuhr jedoch, ohne darauf zu achten, fort:

Keiner ging –
Doch Einer kam:
Siehe, der Lenz
Lacht in den Saal!

»Ach richtig«, sagte Herr von Malzau, der auf einen Stuhl gestiegen war, um die Ventilationsvorrichtung aufzuschliessen, »das ist ja die abscheuliche Scene, die mich immer so empört, dass ich wünschte, der Mann käme statt des Frühlings herein und prügelte den Liebhaber trotz seiner Tenorstimme ordentlich durch.«

»Sieglindens Mann«, rief Leonie, indem sie unwillkürlich etwas wärmer geworden war, »ist ein Nichtswürdiger, ein Tyrann, ein – –«

»Ach was, das redet sich diese zuchtlose Frau Sieglinde nur ein. Wenn er ein Tyrann gewesen wäre, so würde er sich als solcher öffentlich betragen, denn die Personen Wagner's scheuen ja sonst nicht die Öffentlichkeit, und wenn der Herr Siegmund, um sich als Ehebrecher zu legitimiren, dem Manne vor dem ganzen Publikum Hörner aufsetzt, braucht auch der Mann kein Bedenken zu tragen, seine Frau bei offener Scene zu misshandeln, falls er ein ordentlicher Tyrann sein will.«

»Muss denn ein Mann seine Frau schlagen wie ein besoffener Proletarier, damit sie seine Tyrannei unerträglich finde?« erwiederte Leonie mit glänzenden Blicken und leise bebender Stimme. »Der Blaubart hat ja auch seine Frauen, deren er überdrüssig war, nicht erschlagen, sondern sie zu Tode gekitzelt.«

»Hahaha! Ich bin ja selbst, wie Du weisst, sehr kitzlig und Du hast mir auch im ersten Jahre unserer Ehe einmal drei Tage keinen Kuss geben wollen, weil ich bei Nacht plötzlich zu lachen anfing und zwar aus keinem anderen Grunde, als weil mir Dein langer Zopf zufällig unter die Achsel gekommen war.«

Leonie hatte diesen empörenden Vorfall nie vergessen und rief erregt:

»Wer wird eine Frau verurtheilen, die sich in die Arme eines Mannes wirft, den sie mit aller Glut liebt, während ihr Mann gleichgiltig gegen sie ist, ihre Gefühle nicht versteht, sie nicht achtet, und vielleicht verlacht!«

Und dabei erhob sie sich empört und ging mit raschen Schritten aus dem Zimmer. Ihr Mann sah ihr ein Bischen überrascht nach und sagte dann kopfschüttelnd:

»Armes Weibchen, der Frühling regt sie so auf, sie muss wieder anfangen, Ofner Bitterwasser zu trinken.«

Er öffnete hierauf die Thüre, durch die sich Leonie entfernt hatte, zur Hälfte, um einen stärkeren Luftzug herbeizuführen, doch schloss er sie bald wieder behutsam, denn aus einem entfernten Zimmer drangen die Töne eines Pianos herein. Leonie hatte sich zum Klaviere gesetzt, um die Empörung ihres Herzens zu besänftigen und es kam ihr vor, dass ihr Spiel nie seelenvoller gewesen sei. Wenn Schwappel sie jetzt hätte hören können! Ob er wohl ahnte, was sie litt? Ach, sie selbst war ja die unglückliche Sieglinde, die sich nach wahrer Liebe sehnte, nach der Liebe eines Mannes, der nicht ein abgepresstes, vor dem Altare gehauchtes Ja brutal ausbeutet, sondern der kein anderes Recht auf die Geliebte hat, als dass sein Herz bei ihrem Anblicke pocht, dass seine Wangen glühen, wenn sie spricht, dass er seufzt, wenn er ihrer gedenkt, dass der Schlummer seine Augen flieht, wenn ihr Bild vor ihm schwebt, dem aber, während die Leidenschaft ihn verzehrt, die Ehrfurcht vor ihrer Tugend die Lippen verschliesst, und der nur unglücklich ist, grenzenlos unglücklich, bis die Geliebte, durch so viel Leiden gerührt, dem Dulder ihre Photographie schenkt. Die Hände Leoniens glitten von den Tasten auf ihren Schoss, sie sah Schwappel zu ihren Füssen knieen, seine weichen Locken fielen auf ihre Hand, aber wie sie sich unwillkürlich niederbeugte, öffnete sich ihr Schlafrock. Mit einem kleinen Schrei sprang sie auf und kreuzte die Arme über die Brust – doch sie lächelte bald über die Lebhaftigkeit ihrer Phantasie, denn sie hatte wohl Schwappel gesehen, aber er nicht sie, wenn er nicht vielleicht in diesem Augenblicke komponirte, und sie vor ihm schwebte, aber nicht im Schlafrocke, sondern im hohen geschlossenen Kleide der keuschen Muse.

Einige Tage nach dieser Vision erschienen Schwappel und Goldschein, um ihren Besuch abzustatten. Herr von Malzau bewillkommte die Gäste mit grosser Herzlichkeit, während Leonie die vorschriftsmässige Zurückhaltung schöner Frauen an den Tag legte und die beiden Freunde mit dem abgemessensten Ceremoniel empfing. Sie erwiederte die ehrfurchtsvolle Verbeugung Goldscheins und die künstlerisch nachlässige Schwappel's mit einem milde herablassenden Neigen ihres Hauptes, als hätte sie sagen wollen:

»Ich nehme Ihre Beglaubigungsschreiben gerne entgegen und hoffe, dass die guten Beziehungen, welche bisher zwischen meinem und dem von Ihnen vertretenen Hofe geherrscht haben, keine Störung erleiden werden.«

Doch war die Unterhaltung bald, Dank der Beredtsamkeit Goldscheins, eine ziemlich lebhafte. Man sprach über den Frühling, die Praterfahrten, das Reisen, dann über Italien, die Peterskirche, Makkaroni und Blutrache. Goldschein fiel nämlich ein, dass Schwappel und er gerade vor zwei Jahren um dieselbe Zeit in Corsica gewesen seien.

»Die arme Michelina«, sagte er, sich zu Schwappel hinneigend, mit etwas gedämpfter Stimme; »sie that mir leid, aber Du durftest Deine Abreise nicht länger verschieben.«

Schwappel's Gesicht umdüsterte sich, und er machte mit der Hand eine abwehrende Bewegung, als bäte er seinen Freund, nicht kaum vernarbte Wunden wieder aufzureissen. Leonie wickelte den Zipfel ihres Taschentuches mit nervöser Heftigkeit um den Zeigefinger und fragte dann, ob in Corsica noch immer die Blutrache geübt würde?

»Leider«, erwiederte Goldschein, indem er auf Schwappel einen bedeutungsvollen Blick warf, »und ich würde Niemandem, der sich nicht frei von jeder

Schuld weiss«, und er fixirte neuerdings Schwappel, »empfehlen, sich darauf zu verlassen, dass die Vendetta erloschen sei.«

Leonie war überzeugt, dass Schwappel die Frau eines vornehmen Corsen geliebt und diesen im Duell getödtet habe, und in einer schwachen Regung von Eifersucht erklärte sie, dass sie die Blutrache für sehr gerechtfertigt halte. Ihr Mann hielt die Sitte für barbarisch, da aber seine Frau dieselbe in etwas gereiztem Tone vertheidigte und sowohl Goldschein wie Schwappel, jener aus romantischen Gründen, dieser aber, um dem Manne Leoniens zu widersprechen, ihr beipflichteten, hielt er es für zweckmässig, dieses blutige Gesprächsthema abzubrechen und fragte Goldschein, ob in Ajaccio die Gasbeleuchtung eingeführt sei? Goldschein benützte diese Frage, um sich mit Herrn von Malzau in ein Gespräch über technische Fortschritte der Gegenwart zu vertiefen und opferte sich gerne für den Freund, um diesem Gelegenheit zu geben, mit Leonie unbemerkt zu plaudern. Diese sprachen noch eine kleine Weile über Italien. Schwappel nannte Italien das Land der Hoffnungslosigkeit; doch glauben wir, dass er, wenn Leonie warum? gefragt hätte, in ziemliche Verlegenheit gerathen wäre, sein Urtheil zu begründen. Glücklicher Weise aber hatte Leonie in Mailand einmal drei Tage vergebens auf das Auftreten einer Opernsängerin, die heiser geworden war, gewartet, und so nickte sie zu seinem harten Urtheile zustimmend mit dem Kopfe.

»Es ist«, fuhr er melancholisch lächelnd fort, »eine Thorheit, die Verwirklichung seiner Ideale in

Italien zu suchen, es bedarf dazu keiner Oliven- und Cypressenhaine, es genügt vollständig der Stadtpark, in dem ich jetzt täglich spazieren gehe, und so Mancher, der dort an sein Ideal gedacht, hat es gefunden, indem er den Blick erhob.«

Da Leoniens Fenster nach dem Stadtparke gingen und Schwappel sie wiederholt an demselben gesehen hatte und gewiss war, von ihr bemerkt worden zu sein, so konnte über das Ideal, das vom Parke aus bei halbwegs günstiger Beleuchtung sichtbar war, kein Zweifel sein. Leonie aber war natürlicher Weise zu harmlos, um dies errathen zu können. Sie meinte daher, sie finde es begreiflich, dass man in einem schönen Garten eher angeregt werde, zu komponiren, als in dem traurigen Zimmer, und fragte dann, ob er, seit sie ihn bei Frau Blum gesehen, etwas komponirt habe? Er erwiederte, dass er nur ein kleines Lied geschrieben habe: »Die Erinnerung«.

»Erinnerung, an wen? An Michelina?« fragte Leonie mit grosser Sanftmuth.

Da wir nicht wissen, ob wir noch einmal im Verlaufe dieser Erzählung Gelegenheit finden werden, auf diese dunkle corsische Begebenheit zurückzukommen, so wollen wir an dieser Stelle verrathen, dass die erwähnte Michelina ein altes Weib war, welchem in dem Gasthofe in Bastia, wo Schwappel und Goldschein gewohnt hatten, die Reinigung der Treppen des Hauses oblag, und dem Schwappel ein paar alte Hemden zum Geschenke versprochen hatte, ohne jedoch, da er plötzlich abreisen musste, dieses Versprechen erfüllt zu haben. Doch sind wir zu wenig in das Wesen der Blutrache eingeweiht, um ein Urtheil darüber zu haben, ob Schwappel deshalb, wenn er wieder nach Corsica gekommen wäre, die Vendetta von Seite der nächsten Verwandten Michelina's, wie Goldschein mit ziemlicher Bestimmtheit vorhin angedeutet hatte, zu besorgen gehabt hätte.

»Ach nein«, antwortete Schwappel auf die Frage Leoniens: An Michelina?, »das Lied ist an keine Frau gerichtet, nur an eine Blume.«

»Sind Sie ein solcher Liebhaber von Blumen?«

»Es handelt sich um eine Blume, die jetzt schon welk ist, denn die Blumen gedeihen nicht an einem pochenden Herzen!«

»Denken Sie aber auch nur an die schädlichen Ausdünstungen, die sich dort ansammeln, und dabei ist für keine genügende Ventilation gesorgt!« rief Herr von Malzau gerade mit grossem Eifer, indem er Goldschein erläuterte, dass bei der Bauart der meisten Schulen die Gesundheit der Kinder sehr gefährdet sei.

Schwappel biss sich in die Lippen und warf dem Sprecher einen wüthenden Blick zu, da er aber sah, dass Leonie in den Gedanken an die Blume vertieft war, fuhr er fort:

»Glauben Sie, gnädige Frau, dass die Dame, die jene Blume verloren hat, mir gestatten wird, ihr das Lied an diese zu widmen?«

»Ich glaube wohl, falls die Blume ein Geheimniss für Alle bleibt, ausser für den Komponisten und die Dame.«

Eine Woche später wiederholten Schwappel und Goldschein ihren Besuch und jener überreichte Leonien ein elegant ausgestattetes Notenheft, auf dessen Titelblatte sich die Widmung: An Frau Leonie von Malzau, sowie eine Vignette befand, in der der Zeichner einen jungen Mann abgebildet hatte, dessen Kopf an Beethoven erinnerte, und der eine Scabiose mit solcher Leidenschaftlichkeit küsste, dass man den Küsser für einen Botaniker halten musste, dem die Freude über den Besitz dieser herrlichen Blume den Verstand geraubt hatte.

VI. Goldschein lag in seinem Arbeitszimmer auf einem grünseidenen Sofa ausgestreckt und rauchte aus einem Nargileh, das auf einem Tischchen neben ihm stand. Er trug einen Schlafrock aus citrongelbem, Hosen aus Rosa- und Schuhe aus blauem Atlas, sowie ein kirschrothes Sammtbarett, und machte durch diese glückliche Zusammenstellung der Farben, sowie dadurch, dass er von Zeit zu Zeit den Schlauch des Nargileh aus dem Munde nahm und laut zu kreischen begann, den Eindruck eines Papageies. Er arbeitete nämlich gerade an seiner Oper: »Schwanhilde«, und machte den Versuch, einige Noten, die ihm eben eingefallen waren, sich vorzusingen. Er hob bald das rechte, bald das linke Bein in die Höhe und sang dabei:

Wehe, welch' Wehgeschick!

Er zappelte, je länger er brütete, desto aufgeregter mit den Beinen und jammerte immer kläglicher die unheilvolle Stelle aus dem Operntexte dazu. Aber endlich hielt er erschöpft inne und rief mit weinerlicher Stimme:

»In den Rosahosen fällt mir auch nichts ein und Schwappel behauptete doch mit Bestimmtheit, der Meister habe dasselbe Rosa zu seinen Atlashosen genommen, als er den Trauermarsch in der ›Götterdämmerung‹ komponirte. Ich bin heute schon zu erschöpft, sonst würde ich die meergrünen Hosen anziehen, in diesen war ich bis jetzt doch noch am fruchtbarsten.«

Er kniete auf das Sofa, über dem ein Ölporträt des Meisters mit Lorbeern umrahmt hing, und nachdem er es eine Zeit lang wehmüthig betrachtet hatte, seufzte er:

»Ach Gott, ich wäre schon zufrieden, wenn ich auch nur deinen verfehlten ›Rienzi‹ geschrieben hätte!«

Dann sah er sich vorsichtig nach allen Seiten um und flüsterte:

»Selbst die ›Hugenotten‹ habe ich mir in meiner Verzweiflung schon gewünscht komponirt zu haben!«

Nach diesem kompromittirenden Geständnisse fasste er erschrocken mit beiden Händen seinen Kopf und wimmerte:

»Ich weiss nicht mehr, was ich rede, der Ehrgeiz wird mich noch in's Unglück stürzen! Was hat mich meine ›Schwanhilde‹ schon für Geld gekostet: zweitausend Gulden habe ich für das Textbuch zahlen müssen! Sonst zahlt man für ein Libretto immer nur tausend Gulden, aber wenn man eines mit einer ausgiebigen Alliteration haben will, lassen sich die Dichter, diese Blutsauger, die Arbeit doppelt bezahlen. Ebensoviel habe ich gewiss inzwischen schon für Atlas verbraucht, um meine blasirte Phantasie zu reizen. Und jedesmal, wenn ich Schwappel vorsinge, was ich komponirt habe, und wenn es nur zwei Takte sind, kann ich darauf schwören, dass er mich eine halbe Stunde später anpumpen wird. Ach Schwanhilde, für die Opfer, die ich für deine Nebelgestalt gebracht habe, hätte ich mir schon die dickste Ballettänzerin aushalten können! Aber wenn ich in den meergrünen Hosen nicht glücklicher mit dir bin, so fahre hin, ich will dann von keiner altdeutschen Jungfrau mehr etwas wissen und wenn sie auch aus dem vornehmsten Sagenkreis herstammt! Und wenn ihr noch warm von der ›Edda‹ kommt und mit euren verführerischsten Stabreimen, ihr falschen Sirenen, so will ich mir alle Taschen zuhalten und mich von euch nicht mehr bestehlen lassen.«

Er lief, das rothe Barett ganz im Nacken, verzweifelt im Zimmer auf und ab, so dass er manchmal über seinen langen offenen Atlasschlafrock stolperte und rief, die Hände ringend:

»Die Liebe macht auch nicht produktiv; ich habe mich in die Majorswittwe verliebt, aber was habe ich bis jetzt davon gehabt? Nicht die geringste ›Rêverie‹ ist mir noch eingefallen; ich habe mir sogar aus ihrem Kleid, und gerade aus jenem Theil, wo es anfängt, von epopöischer Breite zu werden, ein Paar Komponirhosen machen lassen, nicht einmal ein kleines ›Souvenir‹ habe ich darin zu Stande gebracht. Sie hat ihr ausgeschnittenstes Kleid getragen und ich habe eine geschlagene halbe Stunde neben ihr gesessen, so nahe, als wenn ich, Gott soll mich bewahren, angewachsen gewesen wäre, ich habe alles Mögliche wogen gesehen bei ihr, so dass ich mich im Bett schlaflos herumgewälzt habe, und am Morgen, wie ich aufgestanden bin, war nicht die Spur von einer ›Barcarole‹ bei mir zu finden. Was ist dagegen Schwappel für ein Genie! Guten Abend! hat ihm kaum diese Frau von Malzau gesagt, und er hat schon eine ›Erinnerung ohne Worte‹ komponirt gehabt. Ich glaube, wenn diese Frau von Malzau einen Busen gehabt hätte so gross wie die Majorswittwe, er würde schon ein ganzes Oratorium fertig gemacht haben. Wie oft habe ich mir schon vorgenommen, ich will ihm nicht mehr soviel Geld borgen, aber wenn ich ihn dann wieder sehe mit seinem genialen Eindruck, fürchte ich mich immer, er wird auf einmal unsterblich werden, und dann werden sie in seine Biographie hineindrucken: Sein bester Freund, ein gewisser Goldschein, hat ihm kein Geld geborgt. Er hat mir sein heiliges Ehrenwort gegeben, dass ich ein vielversprechendes Talent bin, und ich habe ihm auch gleich dreihundert Gulden auf dieses Ehrenwort geliehen, aber ich weiss nicht, fällt den anderen vielversprechenden Talenten auch nichts ein, oder habe ich nur ein solches Unglück mit meinem vielversprechenden Talent?

Da schreibt der Meister ein Buch gegen das Judenthum in der Musik, als wenn man sich in der Musik auch nur nach dem achten Tage beschneiden zu lassen brauchte, um darin ein grosser Jude zu werden. Die Schrift hat mich aber doch so perplex gemacht, dass ich mich losgesagt habe vom Alten Testament mit seinem abgebrauchten Moses und dem Josef in Egypten mit seiner veralteten Keuschheit und der Königin von Saba, die jetzt wieder Goldmark komponirt hat, und den Makkabäern, die Rubinstein ganz todt gemacht hat. Ich faste nicht mehr am jüdischen Versöhnungstag, sondern mache nur die Fasten mit, die der Meister vorgeschrieben hat, und seit Jahren ist keine Melodie mehr über meine Lippen gekommen. Ich bin jetzt urgermanisch, als wenn Moses die Juden nicht durch das rothe Meer, sondern durch den Teutoburger Wald geführt hätte – aber noch keinen Accord hab' ich aus dem ganzen Teutoburger Wald herausgeschlagen. Und romantisch bin ich geworden, dass sich Gott erbarmen soll. In meinem Kopf gehen nur mehr Riesen mit Keulen herum, und Zwerge mit Buckeln, die grösser sind als sie, und die nutznixigen Rheintöchter und die Venus und eine ganze Menagerie von Drachen und Schwänen und Waldvögelein und Pferden. Und gerade da, wo mir die Phantasie nichts nützt, giebt sie mir keine Ruh'. Neulich nach Tisch, ich habe an dem Tag die Hosen aus dem Majorsatlas getragen, spüre ich plötzlich ein Stechen, und auf einmal zieh' ich eine Fischgräte aus der Hose heraus, so dass ich erschrocken bin und geglaubt habe, die Majorswittwe ist eine verwittwete Seejungfrau und hat Flossen statt der Waden, und wenn ich mich nicht noch zur rechten Zeit erinnert hätte, dass ich Mittags einen Hecht mit Sardellensauce gegessen hatte und dass die Gräte vom Hecht herkommen wird und nicht von der Majorin, den Tod hätte ich vor Angst davon haben können.«

Goldschein setzte sich zu dem Schreibtische und nahm eine dicke weisse Atlasmappe in die Hand, auf welcher mit goldenen Buchstaben gestickt war: »Schwanhilde. Grosse romantische Oper in drei Akten von Max Goldschein«, öffnete sie und starrte eine Weile mit trübsinnigem Schweigen die leeren Notenblätter an.

»Was für schöne Sachen könnten dastehen!« seufzte er dann. »Wie gut würde sich hier in der Ecke eine Klarinettenstelle ausnehmen, was wäre nicht Alles möglich für eine Oboe herzuschreiben und hier wäre gerade noch ein Plätzchen für die grosse Trommel und wenn das Publikum glauben würde, es ist schon Alles überstanden, da würden mit einem Mal die Violinen einfallen, dass Alle hingerissen wären und riefen: Seit Wagner ist etwas Derartiges in einem Orchester nicht gespielt worden. Und beim Schluss des ersten Aktes wäre ein Geschrei: Goldschein! Goldschein! und ich würde herauskommen im schwarzen Frack zwischen dem Tenoristen mit dem silbernen Helm und der Schwanhilde mit dem weissen Schleppkleid, und blass wär' ich, wie das Tintenfass hier und zittern würd' ich, als wenn nicht die Schwanhilde, sondern ich, Gott soll mich beschützen! von den Rossen sollte zertreten werden. Und alle Lorgnons wären auf mich gerichtet und die Damen würden sich aus den Logen herausbeugen und klatschen und die Eine würde sagen:

Ich hab' mir ihn nach dieser Instrumentirung viel grösser vorgestellt!

Und die Andere:

So hätte Carl Maria von Weber ausgesehen, wenn er ein Jude gewesen wäre!

Und die Dritte:

Schade, dass man beim Lampenlicht nicht sehen kann, ob er Sommersprossen hat!

Und ich würde mich verbeugen und immer wieder verbeugen, dass ich drei Tage Kreuzschmerzen hätte. Um wie viel lieber aber hätte ich die Kreuzschmerzen von der Ehre als wie jetzt von den Hämorrhoiden. Und durch vier Wochen würde man von nichts Anderem sprechen, als von ›Schwanhilde‹ und Goldschein und Goldschein und ›Schwanhilde‹, und wenn ich auf der Strasse ginge, würde Jeder stehen bleiben und Einer dem Andern sagen:

Sehen Sie, dort geht der Goldschein.

Und Keiner würde fragen:

Welcher Goldschein?

Sondern Jeder würde wissen, wenn man der Goldschein sagt, meint man nur den Goldschein, der die ›Schwanhilde‹ komponirt hat.«

Und Goldschein war ganz berauscht von seinen Erfolgen, aber plötzlich ernüchterte er sich wieder an den leeren Notenblättern und rief weinerlich:

»Aber was hilft es mir, wenn meine Musik noch so schön ist und sie mir nicht einfällt?«

Goldschein hing diesem traurigen Gedanken nach, als Schwappel und Straubinger eintraten.

»Ach«, sagte Schwappel, »ich sehe, wir stören Dich, Du bist im Arbeitsgewande. Nun, wie geht's mit Deiner Schwanhilde? Ist sie schon bei besserer Laune oder jammert sie noch immer: Wehe, welch' Wehgeschick!?«

»Schwappel, wühle nicht so grausam in meinen Wunden! Seit ich die Idee gehabt habe, eine Schwanhilde zu komponiren, ist mir die Stimmung zur Fortsetzung meiner Arbeit noch nicht wiedergekommen. Ich möchte verzweifeln!«

Der beste Wuotansänger sah ihn mitleidig an und sagte dann:

»Ich hab' in Passau einen Freund gehabt, den Schullehrer, der Trauermärsch' für Leichenbegängnisse erster Klasse komponirt hat, dem ist's gerad' so gegangen, wie Ihnen, Herr Goldschein. Bei der schönsten Leich' war er manchmal nicht in guter Stimmung. Dem haben nur Bratwürst' geholfen. War er nicht in der richtigen Stimmung, dann ist er zum Weissen Hahn gegangen und hat sich zwei Paar Bratwürst' geben lassen und hat ein paar Schoppen Bier dazu getrunken und dann war ihm der ganze Trauermarsch nur ein Spass, so dass ihm oft die Leut' nicht g'schwind g'nug haben sterben können.«

»Manchmal fürchte ich, dass es mit meiner Stimmung überhaupt vorbei ist, ich habe ja schon alles Mögliche versucht, sie wiederzubekommen und ich fürchte«, und dabei reichte Goldschein dem Wuotansänger schwermüthig lächelnd die Hand, »mir würden selbst Bratwürste nicht mehr helfen.«

»Du bist zu strenge gegen Dich«, rief Schwappel, »Du hast mir ja zu wiederholten Malen einige Takte vorgesungen, die Ausserordentliches erwarten lassen. Warum schreibst Du nicht wenigstens diese nieder?«

»Es sind unglücklicher Weise lauter Motive, die ich erst am Schlusse der Oper anbringen kann, da Alles, was ich Dir bis jetzt vorgesungen habe, immer nur das Wiehern der Pferde, die Schwanhilde zu zertreten haben, musikalisch ausdrücken sollte.«

»So schreibe doch den Schluss zuerst, der Komponist ist ja an keine Ordnung gebunden, fange mit dem Wiehern der Pferde an und höre mit dem Wehgeschicke auf, wenn es umgekehrt nicht gehen will.«

»Du gibst mir neues Leben, Schwappel! Du hast Recht, ich werde die Oper von rückwärts nach vorn komponiren«, und dabei klatschte Goldschein in die Hände und sprang im Zimmer umher und wieherte einige Male nach einander.

»Nun, da Du wieder vernünftig bist, lies diese Einladung, die ich erhalten habe, sie geht auch Dich an«, und dabei warf Schwappel einen Brief auf den Tisch.

Goldschein nahm den Brief, der an Schwappel adressirt war, öffnete ihn und las:

»Sehr geehrter Herr!

Ich würde es als einen neuen Beweis Ihrer Liebenswürdigkeit ansehen, wenn Sie nächsten Sonntag bei uns zu Mittag speisen wollten. Wir übersiedeln nämlich schon in einigen Tagen nach unserer Villa in Hietzing und das kleine Diner gibt mir wie meinem Manne die erwünschte Gelegenheit, einige unserer Bekannten vorher noch einmal zu sehen und zu sprechen. Sie würden uns sehr verbinden, wenn Sie auch Ihre Freunde, die Herren Goldschein und Straubinger, mitbrächten, deren Adresse mein Mann nicht wusste, sodass ich nicht in der Lage bin, diese beiden Herren brieflich einzuladen.

Leonie v. Malzau.«

»P. S. Sie werden bei uns nur Verehrer Ihres Genies finden, dessen jüngste Leistung Sie mir gewidmet haben und die mich täglich von Neuem entzückt. Es kommen Frau Blum, welche das Landhaus neben dem unsrigen in Hietzing gemiethet hat und gleichzeitig mit uns die Stadt zu verlassen vorhat, die Majorin, die, wie ich hoffe, namentlich Herr Goldschein sich freuen wird, wiederzusehen, und Herr Dr. Brauser.   L.v.M.«

Goldschein gab Schwappel den Brief zurück.

»Der Abschied, den sie von Dir nehmen will, ist wohl gleichzeitig eine Aufforderung, sie auch in Hietzing zu besuchen?«

»Ja wohl, damit ich meine stille Liebe, fern von dem Geräusche der Stadt, in ländlicher Zurückgezogenheit fortsetze.«

»Nur nicht verzagt, Schwappel, auf dem Lande wird Deine Sieglinde von ihrem Hunding nicht so bewacht werden.«

»Würden die Weiber so ehrlich lieben wie Sieglinde, so wären alle Hundinge trotz ihrer Wachsamkeit bald Hahnreie. Ich war seit dem letzten Besuche, den wir gemeinschaftlich machten, noch einmal bei Leonie, aber ihr Mann hatte gerade einen Anfall seiner Ventilationsmanie und lüftete mich zur Thüre hinaus. Ich aber bekam in Folge dieses Besuches einen Rheumatismus, so dass ich zwei Tage nicht Klavier spielen konnte. Ich sagte ihr wohl, dass ich jeden Tag allein im Stadtparke spazieren ginge, und sie errieth nur zu gut, dass ich ihr dort zu begegnen hoffte, allein sie liess sich nicht herab, zu erscheinen. Und welche Langeweile habe ich dort ihretwegen ertragen! Ich kenne bereits jeden Schwan, und die Störche stellen sich, wenn sie mich sehen, höhnisch auf ein Bein, als wollten sie mich Geduld lehren. O diese Störche, die Geliebte haben sie nie im Schnabel, sondern nur die unangenehme Überraschung, die Einem diese manchmal bereitet! Die Zeit wurde mir so lang, dass ich mir sogar die Statue Schubert's angesehen habe. Ein dicker Spatz sass auf dem Notenblatte, das der Bildhauer Schubert in der Hand halten lässt, und sang daraus vor – ich sag' euch, der Spatzengesang war der ganze Schubert.«

»Du hast heute wieder Deine infernalische Laune«, rief Goldschein laut lachend.

»Nur hin und wieder sehe ich die Geliebte beim Fenster stehen, aber sobald ich hinaufsehe, verschwindet sie. Und doch«, fuhr er mit dem Fusse stampfend fort, »brauche ich ein neues Verhältniss! Die Weiber müssen von unser Einem wissen, dass er einem Ehemanne Hörner aufsetzt, damit sie sich für unsere Konzerte und Kompositionen interessiren und in jeder

Note, die man schreibt, Liebesrausch finden. Das packt sie immer. Wäre es nicht für unseren Ruf unbedingt nothwendig, ich hätte die Verhältnisse mit verheirateten Frauen längst aufgegeben. Denn entweder kommt man über den Anfang niemals hinaus, wie dies jetzt mein Fall ist, oder man ist gleich zu Ende. Ich weiss nicht, was langweiliger ist.«

Goldschein ergriff die Hand Schwappel's: »Ich fürchte, lieber Freund, wir gehen einer grossen Reaktion entgegen, die Weiber machen mir den Eindruck, als wenn sie wieder anfangen wollten, höllisch keusch zu werden.«

»Es scheint, dass Du mit Deiner ›Helden-Reizerin‹, um mit Wuotan zu sprechen, der Majorswittwe, auch trübe Erfahrungen gemacht hast.«

»Helden-Reizerin? Ach, bis jetzt habe ich sie nur als Stimmungs-Reizerin betrachtet. Übrigens habe ich sie immer nur platonisch geliebt, denn sie kommt meinem Ideal eines Weibes am nächsten. Du weisst ja, dass ich nur die herkulischen Weiber wahrhaft lieben kann. Sowie Siegfried's erste Liebe das Riesenweib Brünnhilde ist, so war ich als Jüngling zum ersten Male in die beiden Doppelkaryatiden vor dem Palais Pallavicini auf dem Josefsplatze verliebt. O welche seligen Augenblicke habe ich vor ihren riesigen Leibern zugebracht! Und so romantisch war ich schon in meiner Jugend, dass ich einstens in einer mondhellen Nacht, da mich die vier Weiber mit ihren Riesenlippen wieder verführerisch anlachten, einen Bleistift herauszog und meinen Namen ihnen auf den Leib schrieb, um so symbolisch von ihnen Besitz zu ergreifen. Nein, ich mag nicht diese Nippes-Weiber, die man zu zerbrechen fürchten muss, wenn man sie umarmt.« Und dabei streckte er seine dünnen Kinderarme aus und ballte seine Fäustchen krampfhaft, als wenn er in jedem derselben einen Maikäfer zerdrücken wollte.

»Wir haben ganz denselben Geschmack, Herr Goldschein«, bemerkte der beste Wuotansänger, »ich mag auch nur die starken Weiber. Ich hab' mich zwar niemals in eine Karyatide verliebt und in Passau gibt es auch gar keine solchen, aber meine erste Flamme war mindestens zwanzig Pfund schwerer als ich.«

Schwappel war inzwischen vor den Spiegel getreten, denn er war mit Straubinger so rasch von seiner Wohnung weggegangen, dass er sich nicht mehr Zeit genommen hatte, seine Toilette in Unordnung zu bringen. Nachdem er sein Haar auf's Nothdürftigste zerzaust und die Schleife seines Halstuches gelockert hatte, sah er auf die Uhr.

»Himmel, ein Uhr schon und ich habe der Gräfin Brzezienicki versprochen, um diese Stunde bei ihr zu sein und mit ihr Liszt's ›Isolden's Liebestod‹ vierhändig zu spielen. Also mache Dich verführerisch für Sonntag, lieber Max, damit Dir Deine verwittwete Karyatide nicht zu widerstehen vermag. Kommen Sie, Straubinger, Sie müssen mich begleiten und mir auf dem Wege von Ihren Liebesaventüren erzählen, aber«, und dabei drohte er dem besten Wuotansänger scherzhaft mit dem Finger, »mit gewissenhafter Angabe des Gewichtes aller Ihrer Schönen.«

Die Beiden drückten Goldschein die Hand, als sie jedoch bei der Thüre angelangt waren, liess Schwappel Straubinger vorangehen und flüsterte mit Goldschein einige Worte, worauf dieser eine grosse Banknote aus seiner Brieftasche nahm und, nachdem er noch einen jener schmerzerfüllten Blicke auf sie gerichtet hatte, mit dem man einen theueren Angehörigen anblickt, von dem ein trauriges Geschick uns zwingt, für immer Abschied zunehmen, sie Schwappel in die Hand drückte.

VII. Nachdem für Leonie kein Zweifel mehr darüber bestehen konnte, dass Schwappel sie leidenschaftlich liebe, fühlte sie erst recht, wie wenig ihr Mann im Stande sei, ein so edel empfindendes Wesen wie sie, zu beglücken. Fast jeden Tag entdeckte sie neue Fehler an diesem, die ihrem liebevollen Auge früher entgangen waren. So war sie erst jetzt darauf aufmerksam geworden, dass er sehr streitsüchtig sei und jeden Anlass zu einer kleinen Zänkerei benütze. Allerdings übersah sie dabei, dass sie in neuester Zeit jeder Ansicht, die er äusserte, mit grösserer oder geringerer Sanftmuth widersprach, und dass sie es war, die dabei in Hitze gerieth, und nicht er. Freilich war dies nicht das einzige Gebrechen, das ihr erst jetzt auffiel, allein die Aufzählung des ganzen Sündenregisters dürfte zu viel Zeit in Anspruch nehmen, und wir begnügen uns daher, die Vermuthung auszusprechen, dass alle diese Schwächen aus einem leider unverbesserlichen Hauptfehler des Herrn von Malzau entsprangen – dass er ihr Mann war.

Sie spielte das Lied, das ihr Schwappel gewidmet hatte, alle Tage, so dass sie es bereits auswendig wusste und das Notenheft gar nicht mehr nöthig hatte. Trotzdem nahm sie dasselbe eines Tages, als sie einen sehr heftigen Streit mit ihrem Manne gehabt hatte, zur Hand, sie schlug es aber nicht auf, sondern begnügte sich, den Umschlag eine Weile zu betrachten, und endlich auf das Bild, das sich auf dem letzteren befand, verstohlen einen ganz schwachen Kuss zu drücken. Ob sie aber das Bildniss Schwappels aus Sehnsucht nach dem Original geküsst hatte, oder nur, um sich für die Tyrannei ihres Mannes zu rächen, wagen wir nicht zu entscheiden.

Die Ursache des Zankes war, dass sie ihre Freiheit heldenmüthig vertheidigt und sich geweigert hatte, sich von ihrem Manne in die Verbannung schleppen zu lassen. Er war nämlich endlich des Nichtsthuns so überdrüssig geworden, dass er ein grosses Gut an der böhmischen Grenze gekauft und den Beschluss gefasst hatte, einen Theil des Jahres dort zuzubringen, um die Bewirtschaftung des Gutes und den Betrieb der Fabriken, die sich dort befanden, zu leiten und zu überwachen. Obwohl das Gut in einer sehr fruchtbaren Gegend lag und sich auf demselben ein mit allen Bequemlichkeiten ausgestattetes Schloss befand, und obgleich die Eisenbahn daran vorüberzog und es so von Wien in wenigen Stunden erreicht werden konnte, hatte Leonie dennoch erklärt, sie könne unmöglich die Entbehrungen und Strapazen eines Aufenthaltes in so unwirthlicher Gegend ertragen, und mehrere Krankheiten genannt, die sie dort unfehlbar in der kürzesten Zeit hinwegraffen würden, Ihr Mann aber hatte, anstatt auf das Tiefste zu erschrecken, gelacht, und sie hatte, empört über diese Gefühllosigkeit, das Zimmer verlassen, und bevor sie sich ans Klavier setzte, die schon erwähnte Prozedur mit dem Notenhefte vorgenommen.

Seitdem hatte ihr Mann mehrere Male mit grösserem Ernste seinen Wunsch ausgesprochen, nach dem Gute abzureisen, nachdem sie vorher einige Zeit auf ihrem Landhause in Hietzing zugebracht hätten, und da Leonie auf den verschiedenen Krankheiten, deren Opfer sie dort werden würde, mit grosser Festigkeit bestand, erklärte er, allein seinen Aufenthalt auf dem Gute nehmen zu wollen. Herr von Malzau fühlte sich, seitdem er wieder geschäftliche Sorgen hatte, wohler als je, und dachte an nichts als die Verbesserungen, die er auf dem Gute einführen wollte. Jetzt sass Leonie nicht mehr allein bei dem Frühstücke in lieblichen Träumereien versunken, sondern auch ihr Mann hing seinen holden Phantasieen nach, sie dachte an ihren Schwappel und er an seine Mastochsen in der Gutsbrauerei. Er war daher nicht entzückt von der Gesellschaft, die Leonie zu dem Abschiedsdiner geladen hatte, denn Rübenzucker und Spiritus übten gegenwärtig einen grösseren Zauber auf sein Gemüt aus, als bildende Kunst und Musik.

Leonie hatte sich für das Diner mit jener ungesuchten Einfachheit gekleidet, die sich die Modistinnen so theuer bezahlen lassen. Sie trug ein Kleid von bescheidenem Musselin mit alten Spitzen, eine Rose im Haare, und an einem schmucklosen schwarzen Sammetbande, welches das blendende Weiss ihres Halses noch mehr hervorhob, hing ein Brillantkreuz, das zu sagen schien: Wanderer, bete für den Frieden deiner Seele, denn der hier unten ruht, raubt dir ihn! Die Majorswittwe erschien in einem blauen Kleide mit einem Kürass aus schwarzer Seide und mit einem kleinen silbernen Pallasch im aufgewundenen Zopfe, während Frau Blum, die am Arme des Doktor Brauser ihren Einzug hielt, in der Weise der Bella di Tiziano gekleidet war. Die drei Freunde hatten ihre Orden im Knopfloche und nur der gefürchtete Kritiker begnügte sich mit einem bescheidenen geistigen Schmucke, indem er wie gewöhnlich ein Packet mit Büchern unter dem Arme trug.

Herr von Malzau bestand darauf, dass der beste Wuotansänger neben ihm sitze, denn er erschien ihm als der Einzige in der Gesellschaft, mit dem sich ein vernünftiges Wort werde sprechen lassen, da er voraussetzte, dass dieser als Bayer sowohl wie auch als Bassist ein grosses Interesse für die Bierbrauerei bekunden werde. Schwappel, dem man den Platz neben der Hausfrau angewiesen hatte, war so grausam, Leonie von seinem Klavierspiele mit der Gräfin Brzezienicki zu erzählen, und zeigte ihr einen kleinen Dolch, den ihm dieselbe heute zum Geschenke gemacht hatte.

Der Dolch sah zwar ziemlich einfach aus, war aber eine kostbare Reliquie, da durch eine Urkunde erwiesen werden konnte, dass ihn eine Tante Kosciuszko's nach dessen letzter unglücklichen Schlacht stets im Strumpfbande getragen hatte. Goldschein sass schweigsam neben der Majorswittwe, da er in seiner Komposition von rückwärts nach vorne eben daran war, ein Abschiedslied in Musik zu setzen, das in seiner Oper die Heldin Schwanhilde, bevor sie von den Rossen zerstampft wird, an den Mond richtet, und sich hierzu durch eine eingehende Betrachtung der entwickelten Formen seiner Nachbarin zu inspiriren hoffte. Frau Blum aber theilte Doktor Brauser ihre geistvollen Ansichten über die Aufgabe der Musikkritik mit, während dieser, wahrscheinlich, um nicht in die Versuchung zu gerathen, den herrlichen Gedankengang der Rednerin durch seine eigenen Bemerkungen zu unterbrechen, sich den Mund mit grossen Stücken Lachs stopfte.

»Nun, was sitzen denn Sie so schweigsam, Herr Goldschein«, sagte die Majorin, »und sehen mich immer an, wie der Ritter Toggenburg von Schiller sein Vis à Vis, der auch nichts gesprochen hat, bis es zu spät war und er eines Morgens als Leiche dasass.«

»Den Ritter hat nur die Grausamkeit der Geliebten getödtet. O, alle Weiber sind Hyänen!«

»Es ist mir nur ein Fall erinnerlich, indem die Weiber zu Hyänen werden, nämlich, wenn in Schiller's ›Glocke‹ eine Revolution ausbricht, ›da werden Weiber zu Hyänen, und treiben mit Entsetzen Scherz.‹ Wenn aber das Militär in den Kasernen konsignirt ist, können sich ja die Völker gar nicht selbst befreien, weil sonst das erste Glied Feuer giebt, und wenn daher der Platzkommandant nicht den Kopf verliert, haben die Weiber auch keine Gelegenheit zu Hyänen zu werden.«

»Wenn Sie eine Hyäne wären, Frau Majorin, wäre ich selig, von Ihnen zerrissen zu werden!«

»O, das bilden Sie sich nur ein, lieber Herr Goldschein, ›der Wahn ist kurz, die Reu' ist lang‹«, und dabei sah die Wittwe den Hyänenfreund schmachtend an und seufzte.

Herr von Malzau befand sich in festlich gehobener Stimmung, denn der beste Wuotansänger hatte bereits den dritten Krug des auf seinem Gute gebrauten Bieres getrunken.

»Zum Fische aber, Herr Straubinger«, sagte er jetzt, »sollten Sie doch Wein trinken«, und dabei nahm er selbst einen mächtigen Schluck Bier, um zu zeigen, dass er mit seiner Aufforderung, zum Weine überzugehen, nur den Vorschriften der unerbittlichen Etikette gefolgt sei, und nicht seiner inneren Überzeugung Ausdruck gegeben habe.

»Bier, Herr von Malzau, kann man zu Allem trinken.«

»Nur nicht zu Gurkensalat, das könnte unangenehme Folgen haben.«

»Daran ist aber nicht das Bier schuld, sondern der Salat.«

Herr von Malzau war gerührt durch diesen unerschütterlichen Glauben an das Bier, der selbst durch einen Gurkensalat nicht zum Wanken gebracht werden konnte, und in einer edeln Aufwallung, in der man jede Rücksicht auf das eigene Wohl vergisst, rief er:

»Nun, dann müssen Sie uns nach Tische etwas singen!«

Schwappel schwärmte vom »Parsifal« Wagner's und Leonie hörte ihm nachdenklich zu. Sie hatte nämlich entdeckt, dass Schwappel ein sehr starker Esser sei, und es war ihr räthselhaft, wie er dabei so interessant aussehen konnte.

Frau Blum aber höfelte dem Doktor Brauser mit solcher Ausdauer, dass dieser endlich gezwungen war, das Wort zu ergreifen, um seine Verdienste auf ihr wahres Mass zurückzuführen. Nachdem er einem Lammsbraten die letzte Ehre erwiesen und sich zum dritten Male von demselben hatte reichen lassen, wischte er sich, zum Zeichen, dass er ein trockenes wissenschaftliches Thema behandeln wolle, den Mund ab und rief mit lauter Stimme, die zur Beendigung jeder Sonderdiskussion aufforderte und die allgemeine Aufmerksamkeit in Anspruch nahm: Es sei allerdings richtig, dass er das noch immer fortwuchernde Unkraut der alten musikalischen Richtung mit unbarmherziger Hand auszurotten bemüht sei, und möglicher Weise seien wirklich viele Talente aus Furcht vor seinen kritischen Dragonaden zur wahren neuen Musik bekehrt worden, so wie umgekehrt die Protestanten zur Zeit Ludwig's des Vierzehnten durch die Dragoner zum wahren alten Glauben zurückgeführt worden seien. Allein er verdanke doch seinen kleinen, allerdings sehr überschätzten Einfluss weniger der Furcht, als der

Einsicht in die Richtigkeit seiner Methode. Denn er dürfe sich wohl rühmen, die naturalistische Musikkritik in Deutschland geschaffen zu haben.

Die Musikkritik müsse heute, wie jede andere Wissenschaft, auf die Naturforschung gegründet sein. Der Musikkritiker sollte Anatom und Physiologe sein und es sei für ihn eben so wichtig, zu wissen, was ein Musiker esse und trinke, als welcher Schule er angehöre. Wir seien durch Darwin auf die Zuchtwahl aufmerksam gemacht worden, und wenn ein Kritiker eine ausgezeichnete Stimme höre, so werde er zu erforschen haben, ob Vater und Mutter nicht ebenfalls schon über hervorragende Stimmmittel verfügt hätten. Seichte Köpfe, Cyniker und schale Witzler hätten sich darüber lustig gemacht, als bekannt worden sei, dass Richard Wagner Atlashöschen, sowie Schlafröcke und Stiefelchen aus diesem Stoffe trage, und die Farbe je nach der Art seiner Komposition wechsle. Er aber behaupte, dass wenn Wagner nie einen Reim gestabt und nie eine Note geschrieben, sondern nichts Anderes geleistet hätte, als durch sein Beispiel die Wissenschaft auf den Einfluss des Atlas auf die musikalische Gestaltungskraft aufmerksam zu machen, dies allein hingereicht haben würde, seinem Namen die Unsterblichkeit zu sichern. So viel sei gewiss, dass nunmehr der Atlas jedem Komponisten unentbehrlich geworden und ein noch verlässlicheres Reizmittel der musikalischen Phantasie sei, als Kaffee, Thee oder Tabak, ja dass vielleicht, wenn die gehörigen Versuche angestellt würden, eine Atlas-Narkose erzielt werden könnte.

Er selbst sei dadurch zu Forschungen angeregt worden, von denen er Resultate erhoffe, die wahrhaft umgestaltend wirken würden. Er bekenne sich wie Wagner zu dem Systeme Schopenhauers und habe sich bei seinen Untersuchungen strenge an das grundlegende Werk dieses Philosophen: »Über die vierfache Wurzel des Satzes vom zureichenden Grunde« gehalten. Er habe sich nämlich gefragt, wieso der Atlas entstehe, und sei dabei auf die Seidenraupe gekommen, er habe sich weiter gefragt, welcher Nahrung diese Raupe ihr Gespinnst verdanke, und sei so mit Nothwendigkeit auf den Maulbeerbaum gerathen. Einmal so weit, habe er die fernere Frage aufgeworfen: Wenn schon die Reibung der Glieder mit dem Atlasgewebe und die fortwährende Betrachtung desselben die Phantasie des Komponisten anrege, ob dies nicht in noch weit höherem Grade der Fall sein müsse, wenn der Komponist statt des Atlas den letzten Grund desselben, den Maulbeerbaum, auf sich wirken liesse und sich mit Maulbeeren nährte. Er werde sich auch, sobald die Früchte des Maulbeerbaumes zu reifen begännen, an das Konservatorium mit dem Ersuchen wenden, ihm zwei oder drei talentvolle Zöglinge zu überlassen, die er mit Maulbeeren ernähren und gleichzeitig komponiren lassen wolle.

Aber das Beispiel des genialen Meisters habe ihn noch weiter geführt. Er selbst habe nämlich bisher während des Schreibens seiner Kritiken Flanellhemden getragen und sei dadurch zu dem Schlusse gelangt, dass Flanell auf den Scharfsinn äusserst günstig wirken müsse. Er gedenke nun, da schon die Reibung mit Schafwolle sein kritisches Vermögen so anrege, in Gemässheit seiner Theorie, immer auf den letzten Grund zurückzugehen, im heurigen Sommer, in welchem er sein Werk: »Über die Wiederherstellung des echten Christenthums durch Wagner's ›Parsifal‹« zu schreiben vorhabe, einen Absud von Klee während der Arbeit zu trinken, da Klee als Schaffutter noch weit wohlthätiger auf den Scharfsinn einwirken müsse, als die blosse Reibung mit der Wolle des Schafes, dem Flanell.

Die Gesellschaft zollte dem grossen Forscher und Kritiker die grösste Bewunderung und Frau Blum war von dem Vortrage so begeistert, dass sie mit ihren keuschen Lippen einen Weihekuss auf die Denkerstirne des Doktor Brauser drückte. Nur Herr von Malzau und Straubinger schwiegen und hatten bei der Mittheilung des Kritikers, dass er mit einem Absude von Klee seinen Scharfsinn reizen wolle, einander kopfschüttelnd angesehen, denn es war ihnen wohl ein Absud von einer Pflanze bekannt, der auf den menschlichen Geist äusserst wohlthätig einwirkte, aber die Pflanze war nicht Klee, sondern Hopfen. Die Unterhaltung wurde, je mehr sich die Mahlzeit ihrem Ende näherte, immer lebhafter, die Haltung ungezwungener, die Stimmen lauter. Auch Leonie erhob ein wenig ihren Flüsterton. Sie hatte ein Glas mit Champagner in die Hand genommen und indem sie sinnend die Perlen des Weines betrachtete, sprach sie, gegen Schwappel vorgeneigt, mit grosser

Begeisterung von ihrem Landaufenthalte, sodass man hätte glauben können, sie spreche von einem stillen, weltentrückten Dörfchen und nicht von dem so nahen, lärmvollen und vornehmen Hietzing. O, sie konnte es kaum erwarten, von dem Zwange der Etikette befreit zu sein, die stillen Waldpfade zu wandeln, im Moose zu lagern und von entschwundenen Tagen zu träumen, dem Murmeln des Baches, der zu ihren Füssen hinglitt, zu lauschen, unter unverdorbenen Menschen zu weilen, den Gesang der Schnitterinnen, die Abends vom Felde heimkehrten, zu hören, kurz, alle jene harmlosen Freuden zu geniessen, die auf dem Lande, leider aber gerade nicht in Hietzing zu finden sind. Sie nippte von dem Weine und sah Schwappel an, ob er in ihrer Seele lesen könne, und er verstand darin zu lesen. Denn auch er hatte einst, wie er seufzend bemerkte, die Natur geliebt, dort habe er immer Trost gegen den Spott, Neid und die Missgunst der Menschen gefunden, aber jetzt sei dies anders. Jetzt erscheine ihm selbst die Stille der Natur geräuschvoll, und er finde nur an einem Orte noch die Ruhe, nach der er sich sehne – im Grabe! Leonie war sehr ergriffen.

Nachdem man sich von der Tafel erhoben hatte, wurde ein Bischen musizirt. Straubinger sang, begleitet von Schwappel, aus »Siegfried« den letzten Theil des Zwiegesprächs Wuotan's mit Erda und Herr von Malzau rief zum Schlusse dem verlässlichen Bierfreunde so lärmende Bravo's zu, als wenn er ihm die Lorbeern des besten Wuotansängers hätte streitig machen wollen. Frau Blum drang nun in Leonie und diese musste sich, wie sehr sie sich auch sträubte, endlich an's Klavier setzen. Die Gesellschaft gruppirte sich um sie, nur Goldschein zog sich mit der Majorin in eine Fensternische zurück. Er hatte von den verschiedenen Weinen genippt und diese waren ihm so sehr zu Kopfe gestiegen, dass er die Wittwe aufforderte, sie möge ihm einen Kuss geben. Diese verweigerte jedoch eine solche Liebkosung, da, wie sie anführte, schon Schiller's »Kindesmörderin« durch eine ähnliche Nachgiebigkeit, deren Folgen sie Anfangs unterschätzt habe, in ihr Verderben gerathen sei. Goldschein schwur bei der Ehre seiner Schwanhilde, dass er ihr nie den Anlass auch nur zu dem Morde des kleinsten Kindes geben werde, allein die Majorin schüttelte den Kopf und indem sie Goldschein beim Ohrläppchen fasste, deklamirte sie mit tragischem Tone:

Weh! vom Arm des falschen Mann's umwunden,
Schlief Luisens Tugend ein.

Goldschein aber rief weinerlich, die Tugend sei ein Vorurtheil, dem die Liebe Trotz bieten müsse, der Majorin aber fehle der Muth, zu lieben, und indem er deren Hand fasste und an seine Lippen zog, stöhnte er mehrere Male: »Schwaches Weib!« Die Wittwe machte sich sanft von ihm los und klatschte mit den Anderen Beifall, da Leonie eben den Vortrag des ihr von Schwappel gewidmeten Liedes beendet hatte. Doktor Brauser war von ihrem Spiele entzückt und bewunderte ihren glockenhellen Ton, namentlich aber den Anschlag, den er noch kräftiger fand, als jenen der Frau Clara Schumann. Es erschien ihm dies bei den kleinen und zarten Händen der Klavierspielerin als ein interessantes Räthsel und als dem Begründer der naturalistischen Kritik musste ihm eine nähere Prüfung des Handgelenkes sowie der Armmuskeln Leoniens von höchstem Interesse erscheinen. Leonie hatte einen zu prachtvollen Arm, als dass sie nicht im Interesse der Wissenschaft eine solche Untersuchung hätte gestatten sollen. In Frau Blum aber begann sich die Eifersucht ein wenig zu regen, als sie sah, wie gewissenhaft Doktor Brauser seine Forschungen betrieb. Sie nahm daher die Majorin bei Seite und fragte diese:

»Finden Sie nicht, dass unsere liebe Freundin heute noch koketter ist, als gewöhnlich?«

Die Wittwe jedoch erwiederte lachend:

»Ich möchte nur wissen, welche Muskeln der Doktor Brauser im Interesse der Wissenschaft bei den Ballettänzerinnen untersucht, da diese ja nicht auf den Händen zu tanzen pflegen?«

Leonie aber zahlte jetzt Schwappel sein vierhändiges Klavierspiel mit der Gräfin Brzezienicki heim. Sie beobachtete ihn, der seinen Zorn kaum zu bezwingen vermochte, verstohlen und weidete sich an dessen Qual. Herr von Malzau, der die Luft unerträglich heiss fand, öffnete jetzt, nachdem er vorher schon mittelst des Ventilationsapparates eine Lüftung bewerkstelligt hatte, die Thüre, die zum Balkon führte, und brannte sich seine Cigarrette an, um dieselbe dort zu rauchen.

Er war kaum hinausgetreten, als Leonie, die ihm mit den Blicken gefolgt war, einen Schrei ausstiess und angstvoll gegen die Mitte des Saales lief. In demselben Augenblicke aber stürzte sich Schwappel auf sie, umfing sie mit beiden Armen und presste krampfhaft ihren ganzen Körper an den seinen. Leonie lag bleich und regungslos an Schwappel's Brust, ihre Augen waren geschlossen, er fühlte das ungestüme Wogen ihres Busens und das Klopfen ihres Herzens, sie athmete schneller, er näherte seine Lippen den ihrigen, die halb geöffnet waren, so dass die glänzend weissen Zähne hervorschimmerten, immer mehr und liess sich von dem Wehen ihres Athems berauschen, er knirschte mit den Zähnen, und hätte sie nicht, als sie seinen heissen sinnlichen Hauch fühlte, den Kopf zurückgebogen, er hätte nicht widerstehen können, das schöne Weib in seinen Armen zu küssen. Frau Blum war dem Doktor Brauser, der gerade in ein Gespräch mit Straubinger vertieft war, kreischend um den Hals gefallen und schnürte ihm mit ihren Händen fast die Kehle zu, so dass dieser um Hilfe schrie, da er, an das traurige Schicksal des griechischen Musikers Orpheus denkend, der von Bacchantinnen zerrissen wurde, glaubte, seine Freundin habe ebenfalls bei Tische zu sehr dem Bacchus geopfert und wolle ihn jetzt in einem Anfalle von Liebeswahnsinn erdrosseln. Die Majorin dagegen hatte alle Mühe, Goldschein, der heftig zitterte und in die Kniee gesunken war, auf den Beinen zu erhalten, indem sie ihn unter den Armen fasste und so oft er zusammenschnappte, in die Höhe zog.

Herr von Malzau verliess, da er den Lärm hörte, den Balkon. Als er jedoch in das Zimmer trat und die allgemeine Umarmung sah, verblüffte ihn dieses merkwürdige Schauspiel, das er sich nicht zu erklären vermochte, derart, dass er zurücktrat und wie eingewurzelt an der Schwelle stehen blieb. Leonie war inzwischen zu sich gekommen, sie entwand sich den Armen Schwappel's, sah ihren Mann vorwurfsvoll an und murmelte für sich: »Mörder!« Frau Blum und die Majorin eilten auf sie zu, umarmten sie und besahen deren Kleide, in dessen Schosse eine verkohlte Stelle sich befand. Der starke Luftzug hatte nämlich einen Funken von der Cigarrette, die Herr von Malzau angebrannt hatte, auf das Kleid seiner Frau getragen, so dass das feine Gewebe zu glimmen begonnen hatte. Der Brand war aber schon von selbst erloschen, als Schwappel, um ihn zu ersticken, Leonie umschlungen hatte. Herr von Malzau erschrak heftig, dann aber dankte er Schwappel und drückte ihm gerührt die Hand.

Nachdem Leonie, die der Ruhe bedurfte, zu Bette gebracht worden war, brach die Gesellschaft auf. Goldschein hatten der Wein und der Schreck so überwältigt, dass er, nachdem er die Stütze der Majorin verloren hatte, zu taumeln begann und zu Boden gestürzt sein würde, wenn die Wittwe nicht noch rechtzeitig herbeigeeilt wäre und den Besinnungslosen in ihren Armen aufgefangen hätte. Während sie ihn in diesen wie ein kleines Kind zu einem Sofa trug, schlug er die Augen wieder auf und als er die Wittwe erkannte, lehnte er seinen Kopf an ihren Busen und ächzte: »Schwa – ches

Weib!« Sie führte ihn behutsam die Treppe hinab, aber unten angekommen, schlief er so fest, dass er in den Wagen getragen werden musste.

VIII. Schwappel war am nächsten Tage eben auf dem Wege zu Goldschein, als er diesem begegnete.

Sie gingen noch eine Stunde im Stadtparke spazieren und begaben sich dann zu Frau von Malzau, um sich nach ihrem Befinden zu erkundigen. Während sie im Parke umherschlenderten, erklärte Schwappel, dass er sein bisheriges Zaudern Leonien gegenüber aufgeben wolle und zum Angriffe überzugehen entschlossen sei. Er habe, als er das reizende Weib gestern in seinen Armen gehalten, geschworen, sie müsse die Seine werden. Er sei ihrer Keuschheitskomödie satt und nicht der Narr, auf die nächste Umarmung zu warten, bis ihr Kleid wieder in Brand gerathe, sondern ehe vier Wochen vergingen, müsse die Liebe sie wieder in seine Arme führen und sie solle dann ihrerseits den Brand löschen, der ihn zu verzehren drohe.

Goldschein, der von seiner gestrigen Ausschweifung noch sehr bleich aussah, war überaus kleinmüthig und beschwor Schwappel, nicht gewaltsam vorzugehen. Leonie werde ihm mit der Zeit gewiss entgegenkommen, er möge seine Sinnlichkeit bekämpfen, und er sprach von Gewissensbissen, die man sonst empfinde und seufzte dabei in höchst kläglicher Weise. Er war nämlich gestern vollkommen trunken nach Hause gekommen und als er Morgens aufwachte, erinnerte er sich dunkel, in den Armen der Majorswittwe gelegen zu haben, und da ihm die Veranlassung hierzu aus dem Gedächtnisse entschwunden war, bildete er sich endlich ein, er habe die Wittwe gestern verführt und der Katzenjammer, den er empfand, sei nicht bloss ein physischer, sondern auch ein moralischer. Doch war er, obwohl Schwappel ihm so offen seine Liebespläne eröffnete, zu zartfühlend, um diesem sein Glück oder richtiger sein Unglück auch nur anzudeuten. Schwappel sah ihn, da er ihn so ungewöhnliche Maximen aussprechen hörte, überrascht an und rief:

»Ich wollte, ich hielte schon bei den Gewissensbissen, denn diese stellen sich ja doch erst ein, wenn wir der Geliebten überdrüssig geworden sind und das Mitleid, das wir mit uns selbst empfinden, halten wir für eine Mahnung unseres Gewissens.«

»Ach, der Gedanke, eine bisher ehrbare Frau vom Wege der Pflicht abwendig gemacht zu haben, ist schrecklich, glaube es mir.«

»Zum Teufel, Du sprichst in einem Tone, dass man glauben sollte, Du habest erst vor einer Stunde eine die Chaussee der Pflicht wandelnde Tugend beschädigt.«

Goldschein schüttelte melancholisch den Kopf und ging schweigsam neben dem Freunde einher, der in seinen cynischen Auseinandersetzungen fortfuhr.

Herr von Malzau empfing die beiden Freunde mit grosser Wärme und drückte Schwappel nochmals den Dank für die Hilfe, die er seiner Frau geleistet hatte, aus: Leonie befinde sich ganz wohl, nur ihre Nerven seien noch etwas angegriffen und sie könne daher heute keine Besuche empfangen. Doch werde sie wohl morgen so weit hergestellt sein, um nach Hietzing übersiedeln zu können, wo er die beiden Herren öfter bei sich zu sehen hoffe.

IX. Leonie hatte das Landhaus in Hietzing bezogen und genoss so die ländliche Einsamkeit, nach der sie sich so sehr gesehnt hatte. War sie dieser ein wenig überdrüssig, so brauchte sie bloss vor die Thüre oder in den nur einige Schritte von ihrer Villa entfernten Schönbrunner Park zu gehen, um das plötzliche Bedürfniss nach Equipagen, eleganten Toiletten und Wiener Physiognomieen augenblicklich befriedigen zu können. Sie war übrigens auch nur durch eine kleine Gartenthüre von Frau Blum getrennt, die hier in der Zurückgezogenheit einige werthvolle kunsthistorische Monographieen zu vollenden gedachte. War Leonie allein, so ging sie in ihrem schönen Ziergarten spazieren und pflückte zur Verzweiflung ihres Gärtners die schönsten Blumen in demselben, oder lag in einem kleinen, unter Bäumen versteckten Pavillon auf dem Sofa und las, schlief oder dachte an Schwappel. Manchmal, namentlich in der Dämmerung, kam es ihr sogar vor, als ob sie die Liebe Schwappel's zu erwiedern vermöchte. Sie spielte auch hin und wieder die letzte Szene aus Wagner's »Siegfried« auf dem Klaviere, in der dieser jugendliche Recke durch die »wabernde Lohe« zu Brünnhilden vordringt und diese in wilder Leidenschaftlichkeit umarmt. Denn auch Schwappel hatte sie ja, als sie mitten in der wabernden Lohe ihres Musselinkleides sich befand, die Gefahr nicht achtend, ein anderer Siegfried, in seine Arme gepresst, und wenn auch die Anwesenheit von Zeugen Schwappel hinderte, dabei so liebesbrünstige Redensarten zu gebrauchen wie der Drachentödter Siegfried, so hatte sie doch aus dieser Umarmung ohne Worte nur zu lebhaft gefühlt, welche Gluth auch in seinen Adern tobte.

In jenen schönen Augenblicken, in denen sie glaubte, dass sie Schwappel liebe, malte sie sich wohl auch in ihrer Phantasie das Glück aus, stets an seiner Seite zu leben, die Welt vergessend und von ihr vergessen, ganz allein mit ihm in einem stillen Erdenwinkel, auf einer Insel, das rauschende Meer zu ihren Füssen, über dem die schreienden Möven hinziehen, während nur ein in der Ferne wehendes Segel davon Kunde giebt, dass noch andere Menschen auf dieser Erde leben. Man sagt, dass Verliebte sehr häufig solche Wünsche haben, aber diese phantasiereichen Leute vergessen in der Regel, dass der Tag vierundzwanzig Stunden hat, die auf einer einsamen Insel auch nicht schneller vergehen als anderswo.

Man wird es hiernach begreiflich finden, dass Leonie die Gesellschaft ihres Mannes möglichst zu vermeiden suchte. Dieser stand sehr zeitig Morgens auf, und da Leonie diesem Beispiele nicht folgte, frühstückten sie auch nicht gemeinschaftlich wie sonst. Beim Mittagessen liess sich ihr Mann allerdings nicht umgehen, aber sie suchte ihn dann wenigstens zu mildern, indem sie nach der Suppe in der Regel eine Zeitung zur Hand nahm, deren Artikel ihr Interesse jedesmal in so hohem Grade fesselten, dass ein Psychologe daraus möglicher Weise entnommen hätte, sie lese dieselben gar nicht. Abends pflegte ihr Mann gewöhnlich einen Spaziergang in den nahen Schönbrunner Garten zu machen. Sie hatte am ersten Tage abgelehnt, denselben zu begleiten, unter dem Vorwande, sie vermöge sich dort nie der Angst zu erwehren, eines oder mehrere der wilden Thiere der Menagerie könnten plötzlich aus ihrem Käfige entkommen, und dann die Besucher des Gartens zerreissen. Als aber Frau Blum Herrn von Malzau begleitete, um ihm die Marmorstatuen Bayerns im Schlossparterre, über die sie eine kleine Abhandlung zu schreiben vorhatte, zu erläutern, und so dessen noch schlummerndes Interesse für Skulptur zu wecken, und sich bei ihrer Rückkehr mit grosser Befriedigung über den Geschmack äusserte, den er bei Betrachtung der Statue einer Nymphe an den Tag gelegt hatte, entschloss sich Leonie, zur Aufrechthaltung ihrer Würde ihren Mann nicht mehr in der alleinigen Gesellschaft der Frau Blum Nymphenstatuen betrachten zu lassen, sondern von nun an diesen kunstwissenschaftlichen Spaziergängen beizuwohnen. Herr von Malzau hatte wohl noch einige Male seine Frau zu überreden versucht, ihren Aufenthalt auf dem neuen

Gute zu nehmen, allein Leonie war es müde geworden, gegen solche abgeschmackte Vorschläge Gegengründe anzubringen, sondern sie begnügte sich, sanft den Kopf zu schütteln oder gar zu gähnen.

Schwappel war Anfangs Willens, Leonie die ernste Wendung, die seine Leidenschaft für sie genommen hatte, schriftlich zu erklären und sie so zu veranlassen, ihm zu antworten und ein Dokument über ihre Gegenliebe in die Hand zu liefern. Er hatte sich auch wiederholt an den Schreibtisch gesetzt und alle ihm so geläufigen Tonarten einer Liebeserklärung versucht: er schmollte, weinte und flehte; er war rasend und zerschmolz; er schwamm in Wonnen und brannte vor Sehnsucht; er jauchzte und war verzagt: nur sie war es, durch die er noch lebte, und sie war schuld, wenn er vor der Zeit ins Grab sank; er nannte sie demüthig »gnädige Frau!« und siegesgewiss »meine Sieglinde!« Aber er vernichtete alle diese Liebesbriefe wieder, sobald er sie geschrieben hatte, denn er fand, dass keiner derselben, und wenn er ihm auch Anfangs noch so gelungen erschienen war, den Zauber, den seine Persönlichkeit übte, zu ersetzen vermochte. So fuhr er denn eines Abends nach Hietzing, aber nicht in Begleitung seines Freundes Goldschein, denn dieser litt, seitdem er sich in dem Wahne befand, die Majorin sei ein Opfer seines verhängnissvollen Sinnenrausches geworden, an einem schleichenden Gewissensfieber. Er belästigte Schwappel fortwährend mit Ermahnungen, so dass dieser behauptete, die Majorin habe dies verschuldet, indem sie ihm heimlich einen platonischen Liebestrank beigebracht habe.

Da Herr von Malzau eben im Begriffe war, mit seiner Frau und Frau Blum den gewohnten Spaziergang in den Schönbrunner Garten zu unternehmen, als Schwappel seinen Besuch machte, schloss sich dieser ihnen an, und während Frau Blum mit Herrn von Malzau, dessen Arm sie genommen hatte, voranging, folgte er mit Leonie, neben der er, während sie sich bemühte, unbefangen zu plaudern, gesenkten Hauptes einherschritt. Die Sonne war im Untergehen, als sie durch den langen schattigen Baumgang schritten, der zum Parterre des Schlosses führt, von den grünen Baumwänden rieselte das Gold der letzten Sonnenstrahlen, der leise Abendwind, der sich erhoben hatte, verstreute die Düfte, die er, über die Blumenbeete herrlicher Gärten dahinziehend, gesammelt hatte, und wie unter seinem Wehen das Laub zu flüstern begann, flogen die Amseln auf und sangen von den Baumwipfeln mit heller Flötenstimme. Die beiden Paare traten aus der Allee heraus in das Parterre, das jetzt im Abendrothe dalag, denn das gleissende Sonnenlicht war verglommen, und nur ein schmales weisses Wolkenband, das in der Ferne flatterte, trug noch einen goldig schimmernden Rand. Durch die hohen Wölbungen der im Hintergrunde aufragenden Gloriette strömte die rosige Fluth herein, die den weissen Marmorbildern in den grünen Baumnischen unten Leben einhauchte. Es war, als ob die schöne Helena endlich doch erröthete, dass sie sich von dem Thunichtgut

Paris entführen lasse; man konnte glauben, Mucius Scävola habe sich plötzlich entschlossen, die unglückselige Rechte, die er so lange über das kalte Kohlenbecken gehalten, nunmehr wirklich zu braten, denn man sah deutlich den Wiederschein der Flamme in seinem Gesichte; und es drängte sich Jedem die Überzeugung auf, dass der alte Anchises doch bedeutend schwerer sein müsste, als leichtfertige Freunde des Alterthums in der Regel annehmen, da seinem gewiss kräftigen Sohne Äneas schon bei dem Versuche, ihn in die Höhe zu heben, das Blut so in die Wangen stieg.

Gleich den anderen Marmorbildern war auch Leonie rosig angehaucht, so dass es, da sie gerade von ihren nur allzu herben Erfahrungen sprach, wirklich schien, als sei ihr sanftfliessendes Blut in Wallung gerathen und habe ihre schönen Wangen mit der lieblichen Farbe der Erregtheit gefärbt. Ihr Mann war mit Frau Blum bei dem Bassin am Fusse der Terrasse, die zur Gloriette aufsteigt, angelangt, und sie waren hinangeschritten, um die Tritonen und Seepferde, die sich im Hintergrunde des Bassins erheben, näher betrachten zu können. Leonie und Schwappel waren zurückgeblieben, und da dieser sah, dass sie nicht beobachtet werden konnten, unterbrach er plötzlich Leonie in ihrer Leidensgeschichte und rief mit zitternder Stimme:

»Ach, theure Leonie, lassen Sie mich Ihrem gequälten Herzen den Trost bieten, den es bedarf! Suchen Sie die Linderung Ihrer Leiden an meiner Brust! Meine Liebe soll Ihnen Ersatz bieten für die Täuschungen, die Sie erfahren. Nein! nicht Ihretwegen lieben Sie mich, nur um mich zu retten, erwiedern Sie endlich die Liebe, die mich erfüllt hat vom ersten Augenblicke an, da ich Sie gesehen, die mich so selig macht und doch zur Verzweiflung treibt!«

Und dabei fasste er ihre Hand und drückte mit wildem Ungestüme zahllose Küsse darauf, die er nur unterbrach, um sie mit seinen glühenden Augen zu verschlingen. Leonie dachte in ihrer Überraschung nicht mehr daran, dass sie noch vor einigen Stunden die Liebe Schwappel's zu erwiedern glaubte, und selbst die einsame Insel, nach der sie sich gesehnt hatte, war in das Meer der Vergessenheit gesunken. Sie war erschrocken über die Leidenschaftlichkeit, mit der Schwappel ihre Hand küsste, und noch mehr darüber, dass er sie meine Leonie! genannt hatte. Meine Leonie! nach so kurzer Bekanntschaft. Ach, sie hatte sich in Schwappel getäuscht! Sie ganz einfach bei ihrem Vornamen zu nennen, war ein Vorrecht, das sie ihm zu gewähren, sich für ihre alten Tage aufgehoben hatte. Sie versuchte ihm ihre Hand zu entziehen, aber er liess diese nicht los, sondern küsste sie nur mit grösserer Heftigkeit, und presste sie, in den Pausen, wenn er nach Luft schnappte, an sein Herz.

»Ich darf Ihr Geständniss nicht hören«, – stammelte Leonie, »ich will versuchen zu glauben, ich hätte es nicht vernommen, – die Zeit wird Ihren Schmerz lindern.«

Doch Schwappel wollte den günstigen Augenblick ausnützen, er fasste sie um den Leib und weiss der Himmel, welche kühne That er gewagt hätte, wenn er nicht plötzlich die schrille Stimme der Frau Blum, Leonie! Leonie! rufen gehört hätte und die Urheberin des Gekreisches, sowie das dicke Gesicht des Herrn von Malzau hinter einem Seepferde sichtbar geworden wären. Leonie machte sich von Schwappel, der seine Liebeserklärungen wiederholte und sie beschwor, ihm ein Stelldichein zu gewähren, los und lief die Terrasse hinan, so dass sie oben athemlos ankam. Schwappel murmelte einige Worte für sich, und da es zu den Pflichten des Erzählers gehört, nichts zu verschweigen, was für die Beurtheilung seiner Helden von Wichtigkeit ist, so müssen wir, wie unangenehm uns auch diese Aufgabe gerade unter den gegenwärtigen Umständen ist, doch mittheilen, dass Schwappel nicht etwa eine jener Hyperbeln für sich flüsterte, mit denen Verliebte in den Augenblicken des höchsten Entzückens die Angebetete begrüssen, und dass es auch keine Ovation war, die er der Tugend Leoniens darbrachte, sondern dass er sich leider hatte hinreissen lassen, seiner verzweifelten Stimmung durch die Worte: Abgeschmackte Kokette! Ausdruck zu geben. Als Frau Blum Leoniens ansichtig wurde, rief sie angstvoll:

»Um des Himmels Willen beeilen Sie sich, sonst beisst mich das Ungeheuer!«

Nachdem sich Leonie zu ihrer Beruhigung überzeugt hatte, dass kein Löwe oder Tiger die Gitter seines Käfigs in der Menagerie durchbrochen hatte, um sich hier der wiedergewonnenen Freiheit zu erfreuen und ihre Freundin zu zerfleischen, erkannte sie, dass das Ungeheuer, das Frau Blum zu beissen beabsichtige –

ihr Mann sei. Dieser stand nämlich hinter Frau Blum und war in einer höchst verfänglichen Hantierung begriffen. Denn während er mit der Rechten deren Leib von rückwärts fest umschlungen hielt, hatte er mit der Linken seinem unglücklichen Opfer sein Spazierstöckchen in den Nacken gesteckt, als wenn er mit dem Senkblei genaue Tiefmessungen vorzunehmen beabsichtigt hätte. Da Leonie hieraus entnahm, dass ihr Mann den Verstand verloren habe, begrüsste sie diese Entdeckung mit einem Wehgeschrei. Sie fand aber rasch ihre Geistesgegenwart wieder, und da sie wusste, dass er in hohem Grade kitzlig sei, und zwar namentlich unter den Armen, umklammerte sie ihn ebenfalls von rückwärts mit beiden Armen, und begann ihn mit ihren zarten Fingern in den Achselhöhlen zu kitzeln, um ihn so zu zwingen, seine Beute fahren zu lassen.

Allein diese Bemühungen, das Ungeheuer zu bändigen, hatten gerade den entgegengesetzten Erfolg, denn kaum fühlte Herr von Malzau den Kitzel, und gerade an den empfindlichsten Stellen seines Körpers, so geberdete er sich wie ein Besessener. Er brach in ein krampfhaftes Gelächter aus, während sein Leib sich in Zuckungen krümmte, und dabei knickten seine Kniee fortwährend ein, so dass Frau Blum, die er nicht losgelassen hatte, bei jeder solchen Kniebewegung nach vorwärts gestossen wurde. Die Kunstfreundin, die sich die Vorgänge hinter ihrem Rücken nicht zu erklären vermochte, schrie endlich, Herr von Malzau möge solche unwürdige Spässe sein lassen! Aber dieser hatte alle Herrschaft über sich verloren, und in Folge einer convulsivischen Bewegung seiner Hand, stiess er jetzt das Spazierstöckchen, das er nicht losgelassen hatte, so tief in den Rücken der Frau Blum hinunter, dass sie das Gleichgewicht verlor. Da sie sich jedoch während des Fallens an das Bein ihres Quälers klammerte, während Herr Plunz, der den Kitzel nicht länger zu ertragen vermochte, mit seinen Oberarmen die zwischen denselben befindlichen Hände Leoniens so presste, dass sie sich nicht zu rühren vermochte, stürzten alle Drei übereinander zu Boden.

Schwappel, der ergrimmt über seinen ersten Misserfolg bei dem Bassin zurückgeblieben war und dort wüthend dem lustigen Treiben der Fische zusah, hörte jetzt das Geschrei, das die beiden Frauen ausstiessen, als sie fielen, und weidete sich, die Terrasse hinansteigend, an dem Schauspiele, das sich ihm bot. Am Unglücksorte angelangt, richtete er erst Leonie auf, nachdem er vorher die Unordnung, in die ihre Toilette gerathen war, ziemlich umständlich beseitigt hatte. Dann half er ihrem Manne auf die Beine, und im Vereine mit diesem fasste er Frau Blum, deren Leib in Folge des Spazierstockes in ihrem Rücken unbeweglich war, und die daher nur mit grosser Vorsicht aufgehoben werden konnte. Leonie kam ihrer Freundin zu Hilfe und zog mit Anwendung aller ihrer Kraft den Stock aus dem Kleide, wobei gleichzeitig ein Regenwurm herausgeschleudert wurde, der an dieser verhängnissvollen Szene die Schuld trug. Denn während Frau Blum Herrn von Malzau die ästhetische Berechtigung der Fischschwänze bei den Tritonen zu erklären versucht und sich dabei vorgebeugt hatte, war ihr ein Thier in den Rücken geschlüpft, das nach ihrer Behauptung nur eine Natter sein konnte und von der sie auf ihr Verlangen Herr von Malzau mit dem silbernen Hakengriffe seines Spazierstockes befreien wollte, da kein weibliches Wesen zugegen war, um sie aufzuschnüren.

Herr von Malzau erlaubte sich einige hämische Angriffe auf die beiden Frauen, deren überreizte Phantasie schon neulich nach dem Diner und heute wieder zu so lächerlichen Verwirrungen Anlass gegeben habe. Er behauptete, die Frauen würden durch die Texte Richard Wagner's ebenso verrückt gemacht, wie der Ritter von la Mancha durch das Lesen von Rittergeschichten, ja er ging in seinem Mangel an Zartgefühl so weit, seine Frau sowohl wie Frau Blum die beiden weiblichen Don Quixote zu nennen. Frau Blum benützte diesen Anlass, um ihre Bewunderung für die Zeichnungen Doré's zum »Don Quixote« Ausdruck zu geben. Leonie aber erschien in Folge dieser Misshandlung von Seite ihres Mannes das Vergehen Schwappel's in einem milderen Lichte, und obwohl sie ihn beim Abschiede vorwurfsvoll anblickte, so erwiederte sie doch, wenn auch kaum wahrnehmbar, den Druck seiner heissen Hand.

X. Die Majorswittwe hatte in einer der Seitenstrassen der Vorstadt Mariahilf, und zwar in der Nähe der grossen Kaserne daselbst, im zweiten Stockwerke eines sauberen und freundlichen Hauses, ihr Hauptquartier aufgeschlagen, wie sie ihre kleine Wohnung nannte. Dies bestand aus zwei Zimmern und einer Küche, sowie einem kleinen Zimmer für die Dienerschaft, nämlich für die Köchin, Kammerjungfer und Gesellschafterin, welche drei Ämter jedoch von der Wittwe eines Feldwebels versehen wurden und die daher die Majorin ihren Generaladjutanten nannte. Die beiden Zimmer der Majorin hatten ein entschieden militärisches Gepräge. Über ihrem Bette im Schlafzimmer befanden sich zwei grosse Lithographien. Die eine stellte die Vorderansicht der Militärakademie in Wiener Neustadt dar, sowie das bewegte Treiben vor derselben, nämlich zwei Lieutenants, von denen der eine mit jener Urbanität, die den Grossstädter verräth, den anderen um Feuer für seine Cigarre ersuchte, sodann einen Eingeborenen, der einen grossen, von Überfluss zeugenden Koffer auf einem Schiebkarren führte, und in der Ferne eine dahinjagende Equipage, deren Vornehmheit das glänzende gesellschaftliche Leben Neustadts errathen liess. Die zweite Lithographie bot dem pietätvollen Beschauer die rückwärtige Ansicht der Militärakademie, die allerdings durch ihre weit bescheidenere Architektur den Blick nicht in gleicher Weise zu fesseln vermochte, wie die vordere Ansicht, dagegen aber durch die Ruhe, die hier die ländliche Gegend athmete, sowie durch zwei aufstrebende

Akazienbäume einen unwiderstehlichen Zauber auf das Gemüth übte. Die lebenden Wesen waren hier nur durch einen Hund repräsentirt, dessen unleugbare Intelligenz ein längeres nahes Zusammenleben mit einem höheren Stabsoffizier, dem er wahrscheinlich angehörte, deutlich verrieth.

Das zweite Zimmer, das Speise-, Arbeits- und Besuchszimmer der Majorin, war braun tapeziert und hatte blaue Möbel, so dass die Majorin, da unsere Artilleristen ebenfalls mit braunen Waffenröcken tapeziert und mit blauen Hosen möblirt sind, das Zimmer kurzweg das Arsenal nannte. Der militärischen Adjustirung des Zimmers entsprachen aber auch die kriegerischen Vorgänge an den Wänden, auf denen die Kriegsfurie förmlich herumkletterte. Die Landschaften, die man hier sah, waren ganz in Pulverrauch gehüllt und kein anderes Grün erfreute das Auge, als das der Federbüsche unserer siegreichen Generale. Nur ein Major mit einem Schnurrbart von ermüdender Länge, der inmitten dieser blutigen Kämpfe sich befand, hatte seine Gemütsruhe nicht verloren. Keine Fiber zuckte in seinem Angesichte, ja, seine Blicke verriethen mehr Befriedigung als Aufregung und nur seine Nase war schwach geröthet, aber auch daran trugen die Blitze, welche die Feuerschlünde schleuderten, keine Schuld. Es war ein Aquarellporträt des verstorbenen Mannes der Majorin, das in der Mitte der Schlachtenbilder hing, das Werk eines kunstsinnigen Lieutenants seines Regiments. Auf dem Schreib- und Arbeitstische beim Fenster standen auf der einen Seite die sämmtlichen Werke Schiller's in vaterländischem Nachdrucke, auf der anderen Seite die hinterlassene Bibliothek des Majors: ein Militärschematismus, ein Exerzierreglement und der Schwanengesang eines der Infanterie nur zu früh entrissenen Talentes: »Über die Berittenmachung der Hauptleute«. Zwischen den Werken Schiller's und jenen kriegswissenschaftlichen stand ein Amor aus Chokolade, dem jedoch in Folge eines Versuches der Majorin, zum Vesperbrod sauere Milch zu nehmen, und da sie sich Nachts kein anderes Stopfmittel zu verschaffen gewusst hatte, ein Flügel fehlte. Ausser einer Schreibmappe und einem Tintenfasse, das eine Kanone vorstellte, befand sich auf dem Tische nur noch ein Arbeitskörbchen von sonderbarem Aussehen. Obwohl aus demselben ein begonnener Strumpf, Strickwolle, Nähnadeln u.s.w. hervorlugten, würde ein gelehrter Hutmacher dennoch in dem Korbe einen alten Tschako des Majors erkannt haben, von welchem der Schirm sowie die militärischen Zierrathen entfernt worden waren.

Am zweiten Tage nach dem Diner bei Herrn von Malzau, das so tragisch geendet hatte, sass die Majorin gegen zehn Uhr Vormittags bei ihrem Arbeitstischchen und strickte. Obgleich sie aufmerksam den Stumpf betrachtete, der seiner Vollendung entgegen ging, schien sie doch nicht an denselben zu denken, da dieser, nachdem alle Schwierigkeiten überwunden waren, doch eher zu einer gehobenen Stimmung seiner Urheberin Veranlassung geben konnte, als zu einer elegischen, die Majorin aber leise seufzte. Hin und wieder warf sie auch einen verstohlenen Blick auf das Porträt des Majors an der Wand. Aber dieser sah heute wie sonst behaglich den blutigen Schlachten zu, die rings um ihn geschlagen wurden und ahnte wohl nicht den schweren Kampf, der in dem Busen seiner Wittwe entbrannt war. Die Majorin legte eben den Strumpf bei Seite und stützte die Wange in die Hand, als das Umdrehen eines Schlüssels in der Wohnungsthüre hörbar wurde und bald darauf der Generaladjutant, der auf den Markt gegangen war, um dort Lebensmittel für das heutige Mittagessen zu fouragiren, mit einem grossen Einkaufskorbe hereinsprengte und diesen auf den Speisetisch stellte. Dann nahm er zwei riesige Gurken aus dem Korbe und reichte sie mit triumphirender Miene, als wenn er sie einer feindlichen Schwadron nach erbittertem Kampfe abgenommen hätte, der Majorin, welche dieselben mit ungeheucheltem Interesse betrachtete.

»Rathen Sie einmal, Frau Majorin, wer Ihnen die zwei Grenadiere schickt?« rief die Köchin, indem sie die wettergebräunten Arme in die Hüften stemmte und dabei, wie um die Auflösung des Räthsels zu erleichtern, den Mund wie zu einem Kusse zuspitzte. »Feuer! Feuer!« fuhr sie fort, als die Majorin statt jeder Antwort die Gurken wie Zwillinge an ihr Herz drückte.

»Errathen, Frau Majorin, es ist der Herr Goldschein. Jesus, er sieht selbst so grün und gelb aus wie eine Gurke!«

»Er strengt wahrscheinlich«, lispelte die Majorin, »mit der Oper, die er komponirt, den Geist zu sehr an.«

»Ach Gott, nein, Frau Majorin! Mein Seliger hat auch, wie er noch im Montursdepot manipulirender Feldwebel war und den ganzen Tag sitzen und schreiben und Fäustlinge addiren und Matratzen multipliciren hat müssen, seinen Geist zu sehr angestrengt, aber im Gesicht hat man ihm nichts angemerkt. Nur, wie es ihn immer mehr gejuckt und gebrannt hat und er endlich gar angefangen hat, unschuldiges Blut zu vergiessen, bin ich mit ihm zu unserem Oberarzt gegangen, der bei mir hat waschen lassen, und dieser hat gleich den richtigen Verdacht geschöpft und mich, obwohl ich die rechtmässige Frau war, im anderen Zimmer warten lassen. Und wie ich wieder zurückgekommen bin, hat mein Seliger die Hämorrhoiden gehabt, so dass wir Beide dem Herrn Oberarzt für die gnädige Strafe gedankt haben. Aber der Herr Goldschein ist verliebt, Frau Majorin, und sieht nur aus unglücklicher Liebe wie eine Gurke aus.«

Die Majorin hielt sich eine Gurke wie ein Fernrohr vor das Auge, aber sie wusste wohl, dass diese nicht durchsichtig sei, sondern wollte nur ihre Befangenheit in dieser unauffälligen Weise vor ihrem Generaladjutanten verbergen und fragte lachend:

»Woher weisst Du denn das Alles, Lisi? Der Herr Goldschein sitzt doch nicht gar aus unglücklicher Liebe auf dem Markt und vertheilt dort statt seiner Photographien Gurken, die ihm ähnlich sehen?«

»Woher ich das Alles weiss? Ich habe gerade die zwei Gurken angesehen, die mir aufgefallen sind und gefragt, was sie kosten und war darüber erschrocken, dass sie so theuer waren. Da hat mir Einer von rückwärts auf die Schulter geklopft und wie ich mich umgedreht habe, ist der Herr Goldschein, in seiner natürlichen Grösse, neunundfünfzig Zoll hoch neben mir gestanden, weil er mich im Vorbeigehen gesehen hat. Darauf hab' ich gesagt:

Jesus, Herr Goldschein, wie Sie einen erschrecken!

Aber er war ganz traurig, sonst hätte ich lachen müssen, so komische Fragen hat er an mich gestellt: ob ich seit zwei Tagen keine Veränderung an Ihnen gemerkt habe? Und dann wieder: ob Sie sich, wie Sie vom Diner bei Frau von Malzau nach Hause gekommen sind, in's Bett gelegt haben, oder die ganze Nacht im Zimmer herumgegangen sind mit aufgelöstem Haar und dabei die Hände gerungen haben? Und ob Sie nicht verweinte Augen haben und nichts essen wollen, oder manchmal plötzlich die Hände vor's Gesicht halten und schluchzen? Ich habe gesagt, dass ich bisher noch nicht gemerkt habe, dass die Frau Majorin verrückt geworden ist und dass Sie schlafen und Appetit haben und dass wir heute eine Gans mit Gurkensalat essen werden, auf die Sie sich schon sehr freuen, dass aber die Gurken jetzt noch sündhaft theuer sind.

Gott sei Dank, hat er gesagt, jetzt fällt mir ein Stein vom Herzen.

Darauf hat er die Gurken gekauft und sie mir in den Korb gelegt und wie ich gesagt habe, die Frau Majorin würde böse sein, dass ich das Geschenk annehme, hat er gemeint, Gurken seien auch nur Pflanzen und man könne sie daher ebenso annehmen, wie andere Blumen, was ich auch eingesehen habe. Dann hat er mich gebeten, der Frau Majorin nichts zu erzählen von unserem Gespräche und mir zwei Gulden geschenkt, damit ich mir dafür etwas kaufe, was ich ihm auch versprochen habe und dann –«

»O, Du kennst nicht die Männer, Lisi! Herr Goldschein glaubt, ich sei in ihn verliebt und er wäre stolz darauf, wenn eine einsam dastehende Wittwe seinetwegen keine Lust zum Essen und Schlafen hätte, aber er ist deshalb doch kalt wie ein Kieselstein. Wenn die Männer unglücklich verliebt sind, dann schwimmen sie wie Leander zu ihrer Geliebten so lange hinüber, bis sie einmal ertrinken, oder sie quartieren sich doch wenigstens wie der Ritter Toggenburg vis à vis von der Geliebten ein und sehen ihr immer in die Wohnung hinein.«

»Was, Frau Majorin«, erwiederte der Generaladjutant gekränkt, »wenn man so lange für die Herren Offiziere gewaschen hat wie ich, da soll man die Männer nicht kennen? – Ich habe zwar die Wäsche des Herrn Goldschein noch niemals gesehen, aber so viel weiß ich doch, dass er unglücklich verliebt ist. Und in wen, wird gewiss in dem Briefe stehen, den er mir für die Frau Majorin gegeben hat«, und dabei zog sie einen Brief aus der Tasche und hielt ihn triumphirend in die Höhe.

Die Majorin entriss mit einem kleinen Entrechat, das einem Panther Ehre gemacht hätte, dem Generaladjutanten den Brief und rief:

»Jetzt erst gibst Du mir den Brief, wo jede Minute so kostbar ist.«

»Seien Sie ganz ruhig, Frau Majorin, er wird sich inzwischen in keine Andere verliebt haben. Doch ich muss endlich einmal in die Küche und daran denken, abzukochen, sonst haben wir zum Mittagessen aus lauter Liebe hartes Rindfleisch.« Und damit verließ sie das Zimmer. Nur bei der Thüre wandte sie sich noch einmal um und führte, ohne von der Majorin, die bereits im Lesen vertieft war, bemerkt zu werden, dort eine Pantomime auf, indem sie darstellte, wie sie mit einer Flinte auf die Majorin anlegte und ihr gerade auf's Herz zielte.

Die Majorin las den Brief Anfangs nur mit Staunen, das später in ein bedenkliches Kopfschütteln überging, bis sie am Schlusse hocherfreut vom Stuhle aufsprang, den Brief einige Male an ihre Lippen drückte und dann im Walzerschritte durch das Zimmer hüpfte. Der Brief aber lautete:

»Hehrstes, wonnigstes Weib!

Obwohl mich der Minnetraum, den ich vor Kurzem in den Armen des seligsten Weibes geträumt, zum Glücklichsten aller Sterblichen gemacht hat, so passt diese letzte Bezeichnung doch nicht ganz auf mich. Denn bei näherer Betrachtung bin ich gar nicht glücklich, wenn ich an die kummervollen Stunden denke, die die blühende Brunst eines unüberlegten Augenblickes dem schwachen Weibe verursacht hat, der sich bisher scheu die Helden neigten und die den Verführungskünsten eines Trauten erlegen ist. Als ich aus dem bewussten Traum erwachte, fragte ich mich erschrocken: wo bin ich? Leider aber war es, wie dies meistens nach so wonnigen Ereignissen der Fall zu sein pflegt, schon zu spät. Das Bewusstsein aber, eine Lilie in illegitimer Weise geknickt zu haben, erfüllt mich mit Reue.

O, könntest Du unparteiisch in mein Herz sehen, Du würdest zugeben müssen, dass es eine Parallele mit keinem auch noch so gebrochenen zu scheuen hat. Ich weiss wohl, dass sowohl der Siegmund wie der Siegfried Richard Wagner's in einer ähnlichen Lage keine Gewissensbisse empfinden, aber ich sehe immer mehr ein, dass ich kein Urgermane bin, der sich nichts daraus macht, jetzt ein geliebtes Weib unglücklich zu machen und dann wieder einen alten Bekannten todtzuschlagen.

Doch ich will wenigstens nicht die Hände müssig in den schuldigen Schoss legen, sondern sie Dir reichen zu einem Minnetraum für's ganze Leben. Zürne mir daher nicht länger, erhöre mein Flehen und werde mein Weib. Indem ich im Geiste anbetend zu Deinen Füssen niedersinke, bitte ich Dich, mir noch heute zu antworten, dass Du meinen Heiratsantrag annimmst, und verbleibe, solange ich Dein Jawort nicht schwarz auf weiss vor mir habe

Dein unglücklicher Wehwalt
Max Goldschein.«

»Das Eine geht wenigstens aus dem Briefe hervor«, sagte die Majorswittwe, indem sie sich zum Schreibtische setzte und ein Blatt Briefpapier zurechtlegte, sowie eine Feder zur Hand nahm, »dass er mich unter allen Umständen heiraten will. Von allem übrigen, von dem Minnetraum, den Verführungskünsten, der Lilie und der Reue verstehe ich eben so wenig, wie ein Rekrut von einem Armeebefehl. Der gute kleine Goldschein! Wahrscheinlich sind das lauter Anspielungen auf Wagner'schen Opern und er glaubt, dass er mir damit eine Freude macht. Es scheint, dass er neulich, wie ihm der Wein zu Kopfe gestiegen ist, bei Nacht von mir geträumt hat und sich im Traum einige Freiheiten gegen mich herausgenommen hat. Als ob man nicht wüsste, dass die Männer keine Heiligen sind!« Und sie tauchte die Feder ein und schrieb:

»Bester Herr Goldschein!

Ihren Brief mit dem für mich so schmeichelhaften Heiratsantrag, sowie die beiden Gurken, die ebenfalls jetzt, wo die Saison für dieselben noch nicht gekommen ist, eine sehr zarte Aufmerksamkeit sind, habe ich durch meine Lisi erhalten. Wenn ich Sie auch vom ersten Augenblicke unserer Bekanntschaft an immer für einen Mann mit reellen Absichten gehalten habe, so hat mich Ihr Heiratsantrag doch in eine sehr grosse Aufregung versetzt. Mein Mann, der mir in früheren Zeiten immer als treuer Rathgeber zur Seite stand, ist, wie Sie wissen, leider todt und so habe ich Niemanden, den ich in einer so wichtigen Angelegenheit, wie diese ist, um Rath fragen könnte.

Auch lag mir aus leicht begreiflichen Gründen das Militär immer näher als das Civil und ich habe mich daher noch niemals so recht mit dem Gedanken vertraut gemacht, einen Civilisten zu heiraten, der für mich das verschleierte Bild zu Sais ist, von dem man nach unseres Schiller's Ballade nicht weiss, was dahinter steckt. Ungeachtet dieser Zweifel halte ich es für meine Pflicht, wenigstens das Vertrauen, das Sie in mich gesetzt haben, zu erwiedern und bin daher so frei, von Ihrem Heiratsantrag Gebrauch zu machen und Ihnen mein herzliches Jawort, auf das Sie in Ihrem Schreiben so ernstlich reflektiren, noch mit der heutigen Post rekommandirt zuzusenden.

Ihre Mittheilung, dass Sie von mir in sehr eingehender Weise geträumt haben, ist mir zwar, da sie Anspielungen auf Opern von Wagner enthält, die ich noch nicht gehört habe, nicht ganz klar, doch will ich jetzt, da ja doch keine Geheimnisse mehr zwischen uns vorkommen sollen, nicht länger verschweigen, dass ich schon vor ungefähr vier Wochen auch einmal von Ihnen geträumt habe und ich kann Ihnen nur zu Ihrem Lobe nachsagen, dass Sie sich in meinem Traum immer sehr anständig betragen und mir keinen Grund zu irgend einer Beschwerde gegeben haben.

Und nun, da ich für immer die Deine bin, lebe wohl! Ich baue nicht nur auf Dein Wort, sondern auch auf jenes unseres mir ebenfalls so theuren Schiller's:

> Ich mag's und will's nicht glauben,
> dass mich der Max verlassen kann.

Näheres mündlich. Indem ich im Geiste einen Verlobungskuss auf Deine Lippen drücke, von denen mich keine Macht der Erde mehr reissen soll, verbleibe ich Deine sehnsüchtige

Louise.«

XI. Leonie hatte nach ihrer letzten Begegnung mit Schwappel eine schlaflose Nacht gehabt, das heisst, sie war um fünf Uhr Morgens aufgewacht, und nachdem sie sich einmal auf ihrem Lager sorgenvoll umgedreht hatte, nach zehn Minuten wieder eingeschlafen.

Sie sass in Folge ihrer Übernächtigkeit am nächsten Morgen länger als gewöhnlich vor dem Spiegel, und nahm auch einige Büchschen und Schälchen, die sich in einer versperrten kleinen Lade desselben befanden, mehr in Anspruch als sonst. So wie sich nach jeder geregelten Thätigkeit die Ruhe wieder einstellt, die wir verloren hatten, waren auch, nachdem das Geschäft, das sie heute so wie jeden Morgen vor den Spiegel führte, beendet war, alle Spuren der Aufregung des Tages und der Nacht vorher aus ihrem schönen Angesichte verschwunden, und selbst das Auge der hässlichsten Frau hätte nicht mehr einige rothe Fleckchen auf ihren Wangen, eine kleine Abblätterung der Haut auf ihrem Kinne, sowie ein Fältchen von rührender Unbedeutendheit am unteren Augenlide wahrzunehmen vermocht, die noch anderthalb Stunden vorher als Folgen der ungewöhnlichen Aufregung ihrer Seele dort zu sehen waren.

Erst, nachdem sie ihre Toilette beendigt hatte, gestattete sie Schwappel, ihrem Geiste vorzuschweben. Sie fand, dass sie sein unüberlegtes Benehmen gegen sie im Schönbrunner Garten viel zu strenge beurtheilt habe. Sie gab ihrem Manne gewiss nie Recht, aber sie musste ihm fast beipflichten, dass ihre Phantasie überreizt sei, wenn sie daran dachte, wie sie in ihrer Überraschung die Gefahr, die ihrer Tugend drohte, übertrieben hatte. Was war denn das Verbrechen des armen Schwappel? Dass er ihr eine Liebeserklärung gemacht, ihre Hände geküsst, und den Versuch gemacht hatte, ihr einen Kuss zu rauben. Aber war dies nicht Alles bei einer so leidenschaftlichen Natur zu entschuldigen? Sie war ja viel geliebt worden in ihrem Leben, aber noch nie hatte die Liebe zu ihr einem Manne solche schmeichelhaften Seelenqualen bereitet wie Schwappel. Und sie hatte nie etwas dazu gethan, diese zu lindern, sie hatte ihm nie den geringsten Trost gespendet, und ihn höchstens errathen lassen, dass ihr seine Person nicht ganz gleichgiltig sei.

Ja, sein trauriges Loos ging ihr so nahe, dass sie sich fragte, ob sie ihr Gewissen nicht freisprechen würde, wenn sie sich, um ihn vor der Verzweiflung zu retten, einen Kuss hätte rauben lassen, und ihm nur dann mit aller Entschiedenheit diese unerhörte Dreistigkeit verwiesen hätte. Leonie war entschlossen, Schwappel, sobald sie ihn wieder sehen würde, zwar nicht zu ermuthigen, aber ihm die ganze Grossmuth, deren ein edles Weib fähig ist, entgegen zu bringen, ein Programm, das sie, so unbestimmt auch Manchem die Grenzen desselben erscheinen mögen, vollkommen befriedigte.

Am folgenden Tage fuhr Herr von Malzau nach Tische in die Stadt, um noch einige Vorkehrungen für seine Abreise zu treffen, die auf den nächsten Morgen festgesetzt war. Ehe er das Haus verliess, umarmte er seine Frau, ungeachtet ihres Sträubens, sehr zärtlich und bemerkte halb scherzend, halb ernst, er hoffe, sie würde noch in den letzten Stunden ihren Eigensinn aufheben und mit ihm reisen. Leonie war entrüstet über die Zudringlichkeit ihres Mannes und ihr kurzes und kaltes Lebewohl bewies ihm, wie wenig eine charakterfeste Frau geneigt sei, einen Entschluss, den sie so reiflich erwogen hatte, zu ändern.

Es war ein sehr schwüler Nachmittag und Leonie fühlte sich so beklommen, dass sie sich in den Gartenpavillon begab und auf das Sofa legte, um auszuruhen und sich einem leichten Nachsinnen zu überlassen. Sie seufzte tief auf, allein ehe sie noch den zu dieser Tonart passenden schwermüthigen Gedanken gefunden hatte, umflatterten sie schon die buntesten Traumbilder. Es war aber ein grässlicher Spuk! Sie träumte, ihr Mann habe ihr aus der Stadt als Abschiedsgeschenk ein allerliebstes kleines Hündchen gebracht. Sie nahm es auf den Schoss und herzte es, aber wie sie es streichelte, wurde es zusehends grösser und wuchs immer mehr und endlich wurde es ein riesiges Ungethüm, das den Rachen fürchterlich aufsperrte und Feuer schnob. Und wie ihr vor Entsetzen die Stimme versagte, dass sie nicht aufschreien konnte, und der Schrecken ihre Glieder gelähmt hatte, stemmte ihr Mann laut lachend die Fäuste in die Hüften und sang, fürchterliche Grimassen schneidend, die Worte des Siegfried Richard Wagner's, da er den in einen Drachen verwandelten Riesen Fafner sieht:

Eine zierliche Fresse
zeigst du mir da:
lachende Zähne
im Leckermaul!

Und dann träumte ihr wieder, sie sei, von einer bösen Ahnung getrieben, ihrem Manne heimlich nachgereist, sie komme in der Dunkelheit in dem Schlosse an und irre in den finstern, öden Gängen desselben umher. Mit einem Male blinkte ihr aus der Spalte einer Thüre Licht entgegen, und wie sie sich auf den Fussspitzen angstvoll neugierig näherte, da erschallte aus dem Gelasse heraus der brünstige Wechselgesang aus der »Walküre« zwischen Siegmund und Sieglinde. Sie öffnete behutsam die Thüre und sah ihren Mann, der eine weibliche Gestalt umarmt hielt, und wie diese den Kopf nach ihr umwandte, erkannte sie in derselben Frau Blum. Sie schrie laut auf, und als ihr Mann entdeckte, dass sie ihn belauscht habe, zog er wüthend einen Revolver aus der Tasche, richtete ihn auf sie, ein furchtbarer Knall erschütterte die Luft und – da erwachte Leonie.

Sie erhob sich vom Sofa und hörte die letzten Schläge eines krachenden Donnerwirbels. Geängstigt schritt sie zur Thüre. Draussen war es finster und von den Kieswegen hörte man, wie der Sand unter dem niederfallenden Regen knisterte. Vom Himmel wälzten sich grosse schwarze Wolkenballen nieder, und manchmal platzte einer derselben und aus dem Risse drang dann ein grell leuchtender Schein hervor. Wenn der Donner schwieg, vernahm man aus den rauschenden Zweigen das furchtsame Zirpen eines Vogels. Da entzündete sich plötzlich das Firmament unter dem Aufflammen eines dahin schiessenden Blitzstrahls. Leonie schlug zitternd die Augen nieder, und wie sie wieder aufschaute, da war es ihr, als hätte sie in dem offenstehenden Gartenpförtchen der Frau Blum die Gestalt eines Mannes gesehen – Schwappel's. Sie zog sich von der Schwelle zurück und zündete rasch die Kerze des Gartenleuchters an, der auf dem Tische stand. Dann eilte sie, den schweren Leuchter mit beiden Händen erfassend, wieder zur Thüre, um den Gärtner zu rufen. In demselben Augenblicke jedoch sah sie Schwappel schnellen Schrittes gegen den Pavillon herankommen, und ehe sie noch ihre Geistesgegenwart wiedererlangt hatte, war derselbe düster grüssend herangetreten.

»Sie hier?« hauchte sie, denn das plötzliche Erscheinen des dämonischen Schwappel nach diesen beängstigenden Träumen und in dieser unheimlichen Szenerie erschreckte sie.

»Ich war«, fuhr sie fort, »auf diesen Besuch in der Dunkelheit, hier im Garten nicht vorbereitet. Ich bin ganz allein, ich will den Gärtner rufen.«

Schwappel küsste ihre beiden wehrlosen Hände, die den Leuchter hielten, mehrere Male, dann nahm er ihr diesen ab und indem er ihn auf den Tisch stellte, rief er mit Bitterkeit:

»Sie sind ganz allein, Leonie? Und Sie sagen dies in einem Tone, als wenn Sie dieses Alleinsein bedauerten. Und doch, wie lange habe ich mich nach einem solchen Augenblicke gesehnt! Oder wollen Sie Ihre Grausamkeit gegen mich fortsetzen, Leonie? Ich habe gehofft, dass die Kälte, mit der Sie mich neulich zurückgewiesen haben, nur in der Besorgniss, wir könnten belauscht werden, ihren Grund hatte. Aber hier sind wir sicher, es ist Nacht draussen und Donner und Blitz stehen Schildwache bei unserer Liebe. Wir sind, Gott sei Dank, allein, theure, angebetete Leonie, und Sie können Alles wieder gut machen, was Sie an mir und meiner Liebe verbrochen haben. Ich muss dem Zufalle danken, was Ihre Härte mir verweigert hat. Ich hatte gerade die Absicht, Frau Blum zu besuchen, als Sie mir, Leonie, wie ein überirdisches Wesen in den Flammen eines Blitzes erschienen. O, geliebte Leonie, es war ein Wink des Himmels, wir wollen ihn beachten.«

Leonie stand noch immer, sie hatte die Blicke gesenkt, und die Linke, die sie auf den Tisch stützte, zitterte:

»Nennen Sie mich nicht grausam und hart; ich durfte nicht anders handeln, ich darf nicht. Ich bin unglücklich, ich werde aber nicht meine Pflicht verletzen.«

»Schreibt Ihnen die Pflicht, Grausame, vor, die Hand zurückzuziehen, die einen Ertrinkenden retten könnte, zu schweigen, wenn der Hauch eines Wortes einen Fiebernden zu heilen vermöchte, den elend Unglücklichen, der Sie liebt, zu tödten, damit die Etikette gegen einen Ehemann, dem Sie gleichgiltig sind, wie ihm nichts gilt, was schön und edel ist, nicht verletzt werde. Verleugnen Sie nicht, Leonie, was ich in Ihren schönen Augen ja längst gelesen habe, dass auch Sie mich lieben.«

Leonie verbarg das Gesicht in beide Hände, setzte sich langsam auf's Sofa und schwieg.

»Diese Stunde«, rief Schwappel, indem er ganz nahe herantrat und Leoniens Hand ergriff, »sie ist entscheidend für mein Glück, für meine Kunst, für mein Leben, ich darf sie nicht vorübergehen lassen!« und dabei kniete er nieder und legte sein Gesicht in ihren Schoss.

»Um des Himmels Willen, stehen Sie auf, – wenn Jemand einträte, – wenn mein Mann plötzlich zurückkehrte, – ich wäre verloren!« Und Leonie versuchte es, sich zu erheben.

Schwappel aber hatte ihre Arme gefasst und hielt sie nieder.

»Mag kommen, wer wolle, ich lasse Dich nicht mehr! Du musst mein sein, oder ich will diesem unerträglichen Leben ein Ende machen!«

Und indem er sie losliess, zog er plötzlich den Dolch der Gräfin Brzezienicki hervor und zückte ihn gegen seine Brust.

Leonie stiess einen leisen Schrei aus und fiel ihm in den Arm.

Schwappel sprang auf, sein Blut kochte, seine Wangen waren geröthet, sein Auge flammte unheimlich, seine Lippen bebten, er hielt den Dolch in seiner krampfhaft geballten Faust, so dass sich Leoniens die zwiefache Angst bemächtigte, er möchte sich erdolchen, oder sich an ihr vergreifen. Sie flüchtete sich hinter den Tisch, den sie an sich zog.

»Tödten Sie sich nicht, ich will ja Alles thun, was mein Gewissen mir erlaubt! Lassen Sie mir nur Zeit, meine Gefühle zu sammeln! Ich weiss nicht, was ich beginnen soll! Schonen Sie doch meine Hilflosigkeit!«

»Nein, nein, ich will Dich besitzen, oder an Deiner Brust sterben!«

Und dabei stiess Schwappel den Tisch weit weg, so dass der Leuchter umfiel und das Licht erlosch, und schlang seinen Arm um Leoniens Leib. Er zog sie mit Gewalt an sich. Sie fühlte seine heisse Wange an ihrer Brust, dann stöhnte er auf und drückte einen Kuss auf ihren Hals. Während Leonie sich loszureissen versuchte, war es ihr, als glitten seine Thränen an ihrem Halse nieder. Er suchte sie gegen das Sofa zu drängen. Leonie fühlte, wie ihre Kräfte sie verliessen und schrie, halb erstickt von seinen Küssen, um Hilfe! Aber plötzlich liess Schwappel sie los und taumelte zurück. Kaum fühlte sich Leonie frei, so stürzte sie zur Thüre und lief, ohne sich umzusehen, durch die Gartenpforte, bis sie vor dem Landhause der Frau Blum angelangt war. Sie schöpfte Athem, dann eilte sie die Treppe hinan und riss die Thüre so gewaltsam auf, dass das Stubenmädchen erschrocken mit einem Lichte herbeieilte. Diese prallte, als sie Frau von Malzau erblickt hatte, entsetzt zurück und kreischte:

»Hilfe, Hilfe! die gnädige Frau schwimmt in Blut! Sie ist verwundet! Sie stirbt! Man hat sie ermordet!«

Leonie klammerte sich bei diesen Schreckensrufen fast ohnmächtig an die Thüre und brachte nur mühsam die Worte hervor:

»Einen Spiegel!«

Das Stubenmädchen brachte einen Stuhl und reichte ihr einen Spiegel. Leonie warf nur einen Blick in diesen, dann sank sie leichenblass in den Stuhl zurück, schloss die Augen und ächzte:

»Ich sterbe!«

Auf ihrem Gesichte war ein Blutfleck, von ihrem Halse lief ein blutiger Streifen herunter zur Brust und auch auf ihrem Kleide sah man die Spuren frischen Blutes. Frau Blum kam jetzt mit der Majorswittwe herbei, die ihr einen Besuch abgestattet hatte, um ihr ihre Verlobung mit Goldschein mitzutheilen. Als sie den schrecklichen Zustand sah, in dem sich Leonie befand, erklärte sie, den Tod ihrer Freundin nicht überleben zu können, traf auch die nothwendigen Vorbereitungen für eine Ohnmacht und drückte dem sie auffangenden Stubenmädchen vor ihrem Ende noch leise den Wunsch aus, diese möge nach der aufgetragenen Chokolade sehen, damit sie nicht kalt werde. Die Majorswittwe leistete indessen der Verwundeten Beistand, sie öffnete deren Kleid und nachdem sie mit einem Schwamme das Blut entfernt hatte und sich nirgends eine Wunde zeigte, küsste sie Leonie mehrere Male und rief:

»Erholen Sie sich, Herzchen, es ist weder eine Hieb- noch eine Stichwunde, ja nicht das geringste Ritzchen an Ihrem Leibe zu entdecken, verlassen Sie sich auf mich.«

Leonie erholte sich bei diesen Worten von ihrem Schreck und besah sich noch einmal ängstlich, dann aber fasste sie plötzlich ihren Kopf mit beiden Händen und jammerte:

»Er hat sich an meiner Brust ermordet, der Unglückliche, und ich bin Schuld an seinem Tode!«

Bei diesen Worten kehrten auch die Kräfte der Frau Blum so weit zurück, dass sie zu fragen vermochte:

»Welcher Unglückliche?«

»Schwappel!«

»Schwappel todt!« schrie Frau Blum, indem sie die berühmte Stellung der Mutter der Niobiden nachzuahmen versuchte, »welcher unersetzliche Verlust für die Kunst!«

»Dieser Richard Wagner«, seufzte die Majorswittwe, »wird noch Alle verrückt machen! Mein armer Goldschein, der Tod Schwappel's wird ihn sehr angreifen! Und gerade jetzt muss dies Unglück geschehen, wo er so sehr der Schonung bedarf. Ich wollte Sie nämlich, liebe Leonie, sobald das Gewitter vorübergegangen wäre, besuchen, um Ihnen mitzutheilen, dass ich Goldschein heirate, und dass unsere Hochzeit in vier Wochen stattfindet.«

»Und an Ihrer Brust«, fragte Frau Blum, »hat er sein edles Leben ausgehaucht?« und dabei warf sie einen zufriedenen Blick auf ihren eigenen Busen, den erhabenen, nur der Kunst geweihten Altar, der, Gott sei Dank, bisher noch nicht durch blutige Opfer befleckt worden war. »Ich habe zwar immer gesehen, dass der arme Schwappel in Sie verliebt war, aber ich habe dabei immer nur an eine gewöhnliche Künstlerliebe gedacht, die in der Regel harmonisch abschliesst, indem man sich die Briefe gegenseitig zurückgiebt und darauf ein dauerndes Freundschaftsverhältniss eingeht. Ich bin nur neugierig, was Brauser in seinem Nekrolog über ihn schreiben wird?«

»Da er sich aber«, sagte die Majorswittwe, »an Ihrer Brust den Tod gegeben hat, waren Sie doch nicht Schuld an seinem Tode?«

Leonie erzählte nun in Kürze, was vorgefallen war, mit der kleinen Änderung, dass sie die genaue Schilderung einschaltete, wie sich Schwappel dreimal den Dolch in's Herz gebohrt habe.

»Grässlich, entsetzlich!« rief die Majorin, nachdem die Erzählung beendet war. »Aber wir plaudern hier und lassen ihn verbluten, vielleicht ist er noch zu retten. Gehen wir!«

Obwohl Leonie schmerzlich verneinend den Kopf schüttelte, ergriff die Majorin eine Lampe und ging voran, während Leonie und Frau Blum in einiger Entfernung furchtsam folgten. Schon aus der Ferne drang aus dem Pavillon Licht zu ihnen und als sie näher kamen, liefen eben der Gärtner mit einem grossen Waschbecken und seine Frau mit Leinentüchern dem Pavillon entgegen.

»Gott sei mir gnädig«, wimmerte Leonie, »ich werde den fürchterlichen Anblick nicht ertragen können, ich bin schon jetzt einer Ohnmacht nahe.«

Frau Blum zog ein Fläschchen mit Riechsalz aus dem Busen hervor und hielt es bald vor ihre, bald vor

Leoniens Nase. Die Majorswittwe flüsterte, sich zu den Beiden umwendend:

»Er lebt vielleicht noch, denn da der Gärtner ihm Hilfe bringt, hat er wahrscheinlich darnach gerufen.«

Nur die Majorswittwe hatte den Muth, in den Pavillon einzutreten, während die beiden anderen Frauen angstvoll einige Schritte vor dem Eingange stehen blieben. Kaum war die Majorin im Pavillon, als sie laut »Jesus, Maria!« schrie. Leonie hielt sich bebend an dem Arm der Frau Blum fest. Gleich darauf aber hörte man das immer lauter werdende Gelächter der Wittwe. Leonie erschrak über dieses fast noch mehr als über den früheren Weheruf, Frau Blum jedoch rief händeringend:

»O Jammer über Jammer, die arme Majorswittwe ist vor Entsetzen verrückt geworden!«

Die Wittwe aber trat jetzt, sich die Seiten vor Lachen haltend, heraus:

»Muth, meine Damen, vielleicht gelingt es noch, den dämonischen Schwappel durch Anwendung von kalten Umschlägen zu retten. Sie haben jedoch, gute Leonie! wahrscheinlich in Folge der schlechten Beleuchtung nicht ganz richtig gesehen, denn der Bejammernswerthe scheint sich die drei Dolchstösse nicht, wie Sie erzählten, in das Herz, sondern in die Nase gegeben zu haben, da er aus derselben blutet, als wenn sie ihm mit einem bosnischen Handschar aufgeschlitzt worden wäre, hahaha! Als ich eintrat und sein blutiges Gesicht sah, erschrak ich, wie ich jedoch entdeckte, dass seine Nase das grosse Blutbad angerichtet hatte, musste ich um so herzlicher lachen. Er sah zu komisch aus, der dämonische Schwappel, hahaha! Hoffentlich wird er in Folge der Bemühungen des Gärtners und seiner Frau der Gesellschaft bald wiedergegeben werden, der Selbstmörder aus Liebe, hahaha! Sie werden wohl nicht böse sein, liebe Leonie, dass er Ihnen mit seiner Nase solchen Schrecken eingejagt hat, aber warum mussten Sie ihn auch durch Ihre Grausamkeit zum Äussersten treiben?«

Frau Blum und die Majorin lachten um die Wette, so dass Leonie ausser sich vor Wuth und Scham war und nur mühsam ihre Thränen unterdrückte.

»Sagen Sie Herrn Schwappel«, rief Leonie, indem sie so nahe an die Schwelle des Pavillons trat, dass Schwappel sie hören musste, »dass ich hoffe, er werde mein Haus so schnell wie möglich verlassen und nie wieder betreten. Ich werde das Meinige thun, um auch jede andere Begegnung mit ihm zu vermeiden. Dem Todten«, fügte sie hinzu, da die Majorin und Frau Blum sie milder zu stimmen suchten, »hätte ich vergeben, der Lebende ist mir verächtlich.«

Sie entfernte sich hierauf, nachdem die beiden Frauen sie vergebens zurückzuhalten bestrebt waren, und schloss sich in ihr Zimmer ein. Dort liess sie ihren Thränen freien Lauf, denn ihre Lage erschien ihr trostlos. Sie hätte ein grosses Unglück leichter zu ertragen vermocht als die Lächerlichkeit. Sie, die bewunderte reine und schöne Frau, der selbst der giftigste Neid bisher nichts anzuhaben vermochte, war durch einen Hanswurst zum Gegenstand des Gespöttes geworden! Sie sah, wie man sich bei ihrem Erscheinen in die Ohren zischelte und hämisch lachte und sie hörte die unerbittlichen Epigramme vorüberschwirren, die alle nach ihrer Ehre und ihrem Rufe zielten. Aber sie gestand sich ein, dass sie schuldig war und ihre Thränen flossen nur um so reichlicher. Die Eitelkeit, Koketterie und alle Unwahrheit waren plötzlich von ihr gewichen, aber für die Welt kam ihre Besserung zu spät. Sie fühlte sich unsäglich elend und war der Verzweiflung nahe. Da vernahm sie plötzlich das Rollen eines Wagens.

»Gott sei Dank«, rief sie, »mein Mann!«

Sie hörte seinen schweren Tritt auf der Stiege, seinen Athem, sie öffnete die Thüre, und warf sich in seine Arme. Dann umschlang sie mit beiden Händen seinen dicken Hals, streichelte seine Wangen, küsste ihn und nannte ihn »mein einziger Freund!« mit einer Innigkeit des Tones, wie sie nur das Herzweh lehrt. Ihr Mann war über diese ungewohnte Liebkosung seiner Frau auf's Freudigste überrascht und umarmte sie zärtlich. Ihr Herz schlug, an dieser breiten treuen Brust gebettet, wieder ruhiger. Das war der sichere Zufluchtsort, der ihr geblieben war. Erst jetzt gehörte sie ihm, und sie fasste seine grossen Hände, sah ihm hoffnungsvoll in das Auge, umarmte ihn wieder und hielt ihn fest umklammert, als wenn sie eben vom Traualtare gekommen wären.

»Du bist so erregt, Du hast geweint, was ist Dir geschehen, mein liebes, gutes Kind?« fragte er.

»Ich werde Dir Alles morgen während unserer Reise nach dem Gute erzählen.«

»Was höre ich, Du willst mit mir kommen? Und«, fügte er nach einer Pause, indem er sie zweifelnd anblickte, hinzu, »das Leben auf dem Gute wird Dir nicht zu prosaisch sein?«

»Ach, mein lieber Mann«, erwiederte Leonie, indem sie die Hände faltete, »wie sehn' ich mich nach dieser Prosa!«

Nachwort
von Volker Mertens

Der Flaneur Daniel Spitzer war eine Wiener Institution.[1] Er führte das traditionsreiche Genre der »Wochenplauderei«, das ursprünglich aus Paris stammte, zu einem Höhepunkt. Als »Wiener Spaziergänger« schrieb er seit 1865 siebenundzwanzig Jahre lang in unregelmäßigen Abständen eine sonntägliche Kolumne, eine Art humoristischer Wochenschau, die man im liberal-bürgerlichen Wien gelesen haben musste, um in den Salons mitreden zu können. In der Wiener satirisch-parodistischen Tradition etwa Johann Nestroys nahm er große und kleine Politik, Mode und Moden sowie allerlei Alltägliches aufs Korn. Zuerst schrieb er in der *Presse*, dann in der *Deutschen Zeitung* und schließlich in der noblen *Neuen Freien Presse*, wo seine Raisonnements meist auf der ersten Seite erschienen. Etwa sechshundert dieser Betrachtungen hat er geschrieben, ein Teil von ihnen wurde unter dem Titel *Wiener Spaziergänge* in leicht bearbeiteter Form in sieben Bänden veröffentlicht und so über den Anlass hinaus bewahrt. Ob er wirklich in den siebziger und achtziger Jahren die gefürchtetste Persönlichkeit Wiens war, wie man sagte?[2] Er vertrat liberale Ansichten, stützte das ökonomisch und sozial etablierte Bürgertum gegen Hegemonieansprüche des Militärs und des Klerus, die er mit Spott und Spaß kritisierte. Mit spitzer Feder stach er Politiker und Beamte, Offiziere, Künstler und Gelehrte, zumeist Persönlichkeiten, die heute vergessen sind. Moden, aber auch Modernisierungsprozesse in der Gesellschaft und in den Künsten wurden eher ironisch kommentiert. So ist Spitzer ein Vorgänger des vazierenden Peter Altenberg und des ätzenden Karl Kraus.

Auch als Erzähler trat Spitzer hervor. Eigentlich wollte er einen Roman schreiben im Stil seines Lieblingsbuches, *Tristram Shandy* von Laurence Sterne, doch er kannte seine

Grenzen. So wurden es kürzere oder längere Geschichten: *Der Selbstmord eines Lebemanns* (1876), die Briefnovelle *Das Herrenrecht* (1877), adlige Liebes- und Ehepraxis kritisierend und Bezug nehmend auf Mozarts *Die Hochzeit des Figaro,* sein Hauptwerk *Verliebte Wagnerianer* (1880) sowie, in Fortsetzungen publiziert, *Der Verkannte* (1883).

<u>Die feuilletonistische Novelle</u> *Verliebte Wagnerianer* ist das Werk eines »Plauderers«, weniger das eines traditionellen Erzählers. Mit leichter Hand ist eine erwartbar originelle Handlung entworfen, doch das Gewicht liegt auf den typisierten Figuren und den ironisch pointierten Situationen. Es handelt sich um eine feuilletonistische Gesellschaftsnovelle mit Betonung des Gesellschaftlichen. Es geht dem Autor um ein satirisches Bild einer gehobenen bürgerlichen Schicht in der Form seiner *Spaziergänge,* weniger um bedeutsame Ereignisse oder Lebensläufe wie in der klassischen Novelle. Der Plot ist für dieses Genre ungewöhnlich: Nicht eine Figur oder ein Paar stehen im Mittelpunkt, sondern von zwei Paaren wird parallel erzählt, eingeschoben ist ein davon unabhängiges Gesellschaftsbild im Stil der Feuilletons. Da sind einmal die »schöne Leonie« und der »dämonische Schwappel«, Wagnerianer, beide schon durch die leitmotivisch eingesetzten Beiwörter als solche gekennzeichnet. Dann ist da der Freund und Mäzen Schwappels, der jüdische Möchtegern-Komponist Max Goldschein, eine Wagner-Karikatur, sowie die von ihm umworbene, von jeglicher Wagneritis unangekränkelte Majorswitwe Louise. Sie hat den Realitätssinn, der den Wagnerianern abgeht. Leonie ist mit dem redlichen und ökonomisch erfolgreichen ehemaligen Bierbrauer Plunz, als von Malzau neu geadelt, verheiratet. Die dramaturgische Spannung entsteht aus dem Kontrast der

»Lebensverbundenen« mit den »Kunstverbundenen« – ob die nun Kunst als Lebensform praktizieren wie die beiden Freunde oder als Schwärmerei wie Leonie. Sie fühlt sich unverstanden, empfindet ihren Mann als kulturlos und plebejisch und lässt sich von dem notorisch klammen Musiker Schwappel den Hof machen. Sie will mit ihm das ehebrecherische Paar Sieglinde und Siegmund aus der populären *Walküre* nachspielen und – scheitert, denn Leonie hat nicht den Mut dazu und Schwappel wird zur komischen Figur: Als er einen Selbstmordversuch aus unerhörter Liebe inszeniert, sticht er sich – in die Nase. Lächerlichkeit ist das, was einem leidenschaftlichen Liebhaber nicht verziehen werden kann und so kehrt Leonie nach ihrem Ausflug in die Poesie ernüchtert und von ihren Schwärmereien geheilt zur neu geschätzten Prosa des Ehelebens zurück. Die Beziehung – er ein erfolgreicher Geschäftsmann, sie eine ästhetisch ambitionierte unverstandene Ehefrau – ist zeittypisch, sie findet sich ähnlich in Theodor Fontanes erstem (und ernstem) Gesellschaftsroman *L'Adultera* von 1882. Auch dort ist »Wagner« die Chiffre für die geliebte Kunst und den kunstverständigen Geliebten. Grundsätzlich dürfte es sich um eine sozial reale Konstellation im gehobenen Bürgertum der Zeit handeln, die noch Thomas Mann in seiner »Burleske« *Tristan* aus dem Jahre 1903 inszenierte.

    Schwappel ist ein gefeierter Salonpianist und Fraueneroberer, Goldschein ahmt vergebens sein Idol Richard Wagner in Kleidungsmarotten und ästhetischen Vorlieben nach, ohne Musik zustande zu bringen. Er macht Louise einen Heiratsantrag, den sie am Ende annimmt. Ob er dadurch von seiner Wagnerei geheilt ist, wird nicht mehr berichtet. Eingelagert in die Doppelhandlung ist die Episode, die am ehesten den Feuilletons entspricht: ein Abend im Salon von Frau Blum.

Dort versammeln sich Angehörige des Militärs, Politiker, Beamte, Künstler und Gelehrte, die in ihrem Widerspruch zwischen ihren Ambitionen, geistreich, sensibel und amüsant zu sein und ihrer tatsächlichen Banalität als Karikaturen gezeichnet sind. Auch eine Person, die dem Autor entspricht, ist zugegen, eine »Cameo appearance«, wie Alfred Hitchcock sie in seinen Filmen gern inszenierte. Hier ist es »der gefürchtete Musikkritiker und Feuilletonist Dr. Brauser«, der beim Schreiben raue wollne Flanellhemden trägt, die sein »kritisches Vermögen« anregen (und nicht etwa, wie Goldschein und Wagner, Atlashosen), und von dem Frau Blum »ein sehr geistreiches Feuilleton« über den Abend erhofft – eben das, was hier und jetzt zu lesen ist und was die Gemeinsamkeit der verschiedenen Schichten von Bürgern, Künstlern und Wissenschaftlern als künstlich und aufgeblasen entlarvt. Der Salon ist im Sinn des modischen Renaissancekults mit Abgüssen von Skulpturen ausgestattet, deren »anstößige« Körperpartien allerdings mit »Blumen, Sträuchern und Bäumchen« verdeckt werden. Für die avantgardistische »nackte Wahrheit«, wie sie etwa Gustav Klimt seit Mitte der achtziger Jahre darzustellen begann und dann 1899 programmatisch gemalt hat (*Nuda Veritas*), wäre hier kein Platz. Alle Besucher werden der satirischen Säure ausgesetzt, natürlich darf die Persiflage der Wagnerverehrung nicht fehlen: Goldschein verbeugt sich vor der Büste des Komponisten, der so in den Kreis der antiken Götter und Helden aufgenommen ist, gleich dreimal.

    Auch der Wagnergesang wird satirisch charakterisiert: Der Bassist Straubinger, der »beste Wuotansänger in Wien« (hinter ihm verbirgt sich Emil Scaria, der Wiener Wotan und Bayreuther Gurnemanz), singt Wotans Abschied aus der *Walküre* wie »das Lebewohl eines Ochsen, der zur Schlachtbank geführt wird«. Wagner selbst hätte über diesen Vergleich gelacht: Er schätzte zwar die »außerordentliche Wucht« von Scarias »unerschöpflicher« Stimme, war aber von dessen künstlerischen Gestaltungsfähigkeiten nicht überzeugt.

Der Erzähler ergreift implizit Partei. Seine eigentlichen Helden sind der realistische Bonhomme Malzau wie die Majorswitwe, die dem sich vergeblich als Genie in der Wagner-Nachfolge inszenierenden Max Goldschein Halt und ihre Hand gibt. Mit dem zweiten erhält das erste, reichlich stereotype Paar eine Folie, auf der es noch komischer wirkt. Doch auch bei Louise und Max spart Spitzer nicht mit karikaturhaften Zügen. Die Witwe garniert Konversation und Korrespondenz mit »passenden« Schiller-Zitaten, was sie als traditionelle »Bildungsbürgerin« bezeichnet, denn der Schillerkult blühte in konservativen Milieus.

Goldschein schwelgt, wie Leonie, in Wagner-Worten. Er hat dem Judentum abgeschworen und ist »urgermanisch« geworden und zu »Wuotan« übergetreten. (Spitzer verwendet, wie andere Kritiker, in das Altertümliche übertreibender Absicht nicht die neuhochdeutsche, sondern die althochdeutsche Form des Namens, die er in Jacob Grimms *Deutscher Mythologie* hatte finden können.) Goldschein will wie sein Vorbild eine Oper mit einem wagnerischen Sujet komponieren: *Schwanhilde,* für die er sich ein Textbuch hat schreiben lassen. Die Figur Schwanhilde nahm Spitzer von Wagner, aus dem im 3. Band seiner *Gesammelten Schriften und Dichtungen* (1872) veröffentlichten Entwurf *Wieland der Schmied* – ursprünglich im Jahr 1850 als »Heldenoper« für Paris gedacht, dann jedoch zugunsten des *Ring* aufgegeben und unter dem Titel »als Drama entworfen« publiziert. Schwanhilde ist eine Schwanenjungfrau, Wieland gewinnt sie zur Geliebten.

Seine Gegner aber zünden sein Haus an, in dem Schwanhilde schläft. Sie ruft nach Wieland, kann allerdings entfliehen. Am Schluss finden beide einander wieder und fliehen gemeinsam in die Ferne. Goldschein hat anscheinend die Situation des Anschlags herausgegriffen, wie die einzige Zeile, die er vertont hat, verrät. Sein Libretto von *Schwanhilde* ist (anders als Wagners Entwurf) mit Alliterationen gespickt. Damit ist die gängige Kritik an Wagners Stabreim und der konstruierten Altertümlichkeit seiner Sprache reflektiert. Harmlos wirkt allerdings Spitzers »Wehe, welch Wehgeschick!« gegenüber den parodistischen Wortkaskaden Fritz Mauthners in seiner Persiflage *Der unbewußte Ahasverus* von 1878, zwei Jahre vor Spitzers Novelle entstanden:

> »Frühlingsfriesel füllt mich mit Freude,
> Jung ist das Jahr und jach die Jungfrau,
> Mich sehrt die Sehnsucht schon sechzehn Sommer
> Nach Lieb und Lust, nach loderndem Lab.«[3]

Goldschein vermochte bisher allein die oben zitierte eine Zeile zu komponieren, ihm verweigern sich die Einfälle, obwohl er seinem Meister die ihn inspirierende Kleidung abgeschaut hat. Er trägt rosa Seidenhosen, die er sich aus einem zerrissenen Kleide der umworbenen Louise hat nähen lassen, ein Samtbarett und einen Atlasschlafrock. Er besitzt eine Uhrkette aus den Borsten einer alten Zahnbürste seines Idols, das ist die Pointierung eines tatsächlich praktizierten Reliquienkults, den der reale Wagner als abstoßend empfand. Anders als der verehrte Meister ist Goldschein allerdings mit finanziellen Mitteln gesegnet, er unterstützt Schwappel – will Spitzer insinuieren, dass ein jüdischer Wagner mit Geld hätte umgehen können? Der verhinderte Komponist hat drei Patronatsscheine für die Festspiele gekauft, für die »Patronats-Trilogie«, wie Spitzer an anderer Stelle höhnt. Die – aus heutiger Sicht moderne – Vorfinanzierung der Festspiele durch Sponsoren wurde seinerzeit heftig kritisiert: »Martin Luther hat sein nationales Unternehmen [die Bibelübersetzung] durchgesetzt, ohne Aktien zu emittieren, Lessing, Schiller und Goethe haben das geistige Leben der Nation umgestaltet, ohne Patronatsscheine zu verkaufen«, hieß es 1872, abgedruckt wurde das Zitat im von Spitzer freudig begrüßten *Wörterbuch der Unhöflichkeit. Richard Wagner im Spiegel der zeitgenössischen Kritik*, das Wilhelm Tappert 1876 herausgegeben hatte[4] und das die mehr oder weniger aggressiven Zeugnisse der Wagner-Kritik zur »Gemüthsergötzung« verzeichnete.

Wagner selbst war ebenfalls nicht zimperlich in seinen Angriffen: Donizettis Musik war für ihn »Leierkasten-Blödsinn«, an Heinrich Marschner kritisierte er Melodielosigkeit, Plattheit und Unbeholfenheit, und Giacomo Meyerbeer, dem Hauptvertreter der von ihm abgelehnten Großen Oper, warf er »erschreckende Hohlheit, Seichtigkeit und künstlerische Nichtigkeit« vor. Kein Wunder, dass Wagners Werke heftiger und schmähender rezensiert wurden, als selbst im an Polemik nicht armen 19. Jahrhundert üblich, schließlich polarisierten seine Musik, seine Dramen und nicht zuletzt seine Ansprüche als der bedeutendste Musiker seit Beethoven zu gelten, in ungeahnter Weise, von seiner prinzipiell hedonistischen Lebensführung und seinen als selbstverständlich propagierten finanziellen Bedürfnissen ganz zu schweigen.

<u>Wien – eine Wagnerstadt</u> Daniel Spitzers satirische Gesellschaftsnovelle wurde schnell populär, sie erlebte im Erscheinungsjahr 1880 gleich mehrere Auflagen. Wien, in seinem

Selbstverständnis die musikalische Hauptstadt Europas seit einhundert Jahren, hatte sich zu einer Wagner-Stadt entwickelt: *Tannhäuser* (1857) und *Lohengrin* (1858), *Der fliegende Holländer* (1860) waren in schneller Folge gespielt worden, *Die Meistersinger von Nürnberg* (1870) bald der Uraufführung (1868) gefolgt. 1875 hatte die vier Jahre zuvor im Haus am Ring neu eröffnete Hofoper Wagner eingeladen, selbst *Tannhäuser* und *Lohengrin* zu inszenieren, der *Ring des Nibelungen* war 1877 mit der *Walküre* begonnen, ein Jahr später mit *Rheingold* und *Siegfried* fortgesetzt und 1879 mit der *Götterdämmerung* vollendet worden. *Tristan und Isolde* stand allerdings noch aus, eine geplante Aufführung war 1864 nach 77 Proben gescheitert.

Die Walküre hatte zwar besondere Begeisterung erregt, doch nicht bei allen: Der Star-Kritiker (und Wagner-Gegner) Eduard Hanslick schrieb über die Erstaufführung (5. März 1877): »In Wien speciell ist die Partei der unbedingten, beeideten Wagnerianer eine sehr große, und da sie hauptsächlich aus jungen Leuten besteht, in welchen lodernder Enthusiasmus sich mit einer kunstreichen Methode donnerähnlichen Klatschens verbindet, so erschien der Erfolg des ersten ›Walküren‹-Abends sattsam assekuriert«. Vor allem die Liebesszene zwischen dem Geschwisterpaar wurde heftig akklamiert. Hanslick aber wiederholte die gängigen Einwände, diese Art von Oper sei »kein Genuß« mehr, sondern »eine Marter«. »Unsere Nachbarn von gestern mögen sich nun diesen Zustand durch vier aufeinanderfolgende Tage fortgesetzt denken und entscheiden, ob Jemand diese anstrengende, durch ihren Wechsel von Monotonie und Überreizung nerventödtende Musik in solcher Ausdehnung körperlich und geistig gesund auszuhalten vermöge – die Species der Wagnerianerin immer ausgenommen –

wie der Referent der ›Deutschen Rundschau‹ sagt«.[5] Zu dieser besonderen Species gehört die weibliche Hauptperson, Leonie von Malzau: Sie überhöht ihr banales Alltagsleben, indem sie sich mit der Wälse-Tochter Sieglinde und ihrer erzwungenen Ehe identifiziert, obwohl sie doch durch die reiche Heirat vor einer sozialen Kümmerexistenz bewahrt worden war.

Wagnerianer – Heinianer? »Nichts unterhaltender, nichts für Spaziergänge mehr zu empfehlen, als sich Wagner in verjüngten Proportionen nachzuerzählen [...]. Würden Sie es glauben, daß die Wagnerschen Heroinen samt und sonders, sobald man nur den heroischen Balg abgestreift hat, zum Verwechseln Madame Bovary ähnlich sehen!« spottete Friedrich Nietzsche.[6] Hat der Wiener Spaziergänger Sieglinde den »heroischen Balg« abgestreift? Ja, aber herausgekommen ist nicht Emma Bovary. Leonie könnte sie vom Milieu her sein, aber nein, sie hat nicht das Zeug zur Tragödin. Wagners Heroine bleibt für sie ein zufälliges Identifikationsangebot, ihre Leidenschaft ist nur die Attitüde einer ebenso verwöhnten wie beschäftigungslosen Dame der Gesellschaft.

Spitzers drei Wagnerianer könnten im Prinzip auch anderen zeitgeistigen Moden als der Begeisterung für den Komponisten und das Sujet der *Walküre* folgen, sie werden dem Lachen preisgegeben in ihrer Attitüdenhaftigkeit und haben mit der künstlerischen Eigenart seines Werke, zu der sie keinen Zugang haben, letztlich wenig zu tun. Spitzer verweist selbst darauf. Das Motto der Novelle entstammt Heinrich Heines Gedicht »Der Asra« aus dem *Romanzero*:

> »Und mein Stamm sind jene Asra,
> Welche sterben, wenn sie lieben.«

Ob Wagner oder Heine – beider Dichtung lässt sich auf das eigene triviale Leben wenden, um es poetisch zu überhöhen. »Liebe« kann man mit diesem Gedicht ebenso inszenieren wie mit »Winterstürme wichen dem Wonnemond«. Neben verliebten Wagnerianern könnte es genauso gut verliebte Heinenser (Heinianer?) geben, sie würden sich nur in der Inszenierung, nicht im Verfahren unterscheiden.

Wagner selbst war von seinen Nachahmern heftig genervt. »Die Wagnerianer sind so dumme Leute, man könnte die Wände mit ihnen durchrennen«, sagte er im Jahre 1880 über seine Anhänger,[7] ein Jahr später zürnte er gegenüber Cosima, sie seien »wie gemacht; um seine Gedanken, die er ausspricht, der Lächerlichkeit preiszugeben«.[8] Journalisten setzen noch eins drauf. Das *Wörterbuch der Unhöflichkeit* verzeichnet Beschimpfungen der Wagnerianer wie »Vandalen, Pygmäen, Scharlatane, Lakaien, Bonzen, Trottl« und viele mehr.[9] Das war nicht zuletzt eine abwehrende Reaktion auf die intensive Propaganda der Wagnervereine, die sich in Mannheim, München, Berlin und auch in Wien gebildet hatten.

<u>Widerliche Sinnlichkeit</u> Spitzer hatte jedoch nicht nur etwas gegen die Wagnerianer, sondern auch gegen Wagners Werke. Die Musik erschien ihm formlos, unmelodisch und langweilig, die Handlung abstrus, die sprachliche Gestalt albern: »Diese langwierige Edda-Travestie, in der statt der bedeutungsvollen Sage ausgeklügelte Alfanzereien, statt des Wunderbaren das Widersprechende, statt des geheimnisvollen Tones unverständliches Kauderwelsch und statt der Naivetät Schopenhauersche Philosophie dem andächtigen Zuschauer geboten werden«, schreibt er über die Wiener Erstaufführung der *Götterdämmerung*.[10] Mit seiner Ablehnung der Musikdramen

war Spitzer nicht allein, sein Wiener Kollege Eduard Hanslick, der wesentlich mehr von Musik verstand als Spitzer, schrieb über das erste Wiener *Rheingold*, es handle sich um ein »kostspieliges und mühevolles Werk, dessen dürftiger musikalischer Reiz in keinem Verhältnisse zu den dafür gebrachten Opfern steht« und »die wüsten Stellen, die Wagners neuer Styl bedingt, [rücken] dicht aneinander und lassen erquickende Oasen kaum durchschimmern«.[11] Die erotische Dimension von Wagners Musik wirkt abstoßend: »Widerlich berühren die bei Wagner so beliebten exaltirten Accente einer bis an die äußersten Grenzen lodernden, unersättlichen Sinnlichkeit, dieses brünstige Stöhnen, Ächzen, Aufschreien und Zusammensinken«, kritisierte Hanslick anlässlich der Erstaufführung des *Siegfried*.[12] Gerade das aber beflügelt die Phantasie der verliebten Wagnerianer. Spitzer ist allerdings nicht moralisch entrüstet, sondern eher amüsiert, auch wenn er von den (vornehmlich logistischen) Problemen der »Bayreuther Schreckenszeit« in seiner Kolumne berichtet.[13] Gern erzählt er die jeweilige Handlung im humorvollen Loriot-Stil nach und holt sie damit von ihrem Kothurn, ähnlich wie Nietzsche es empfohlen hat. Weltanschauliche Bedenklichkeiten entdeckt er, im Unterschied zu anderen Rezensenten, die die nationale Dimension feiern oder problematisieren,[14] im *Ring des Nibelungen* nicht.

Rosa Atlas Schließlich war die Person Wagner für Spitzer eine Provokation, die »Macht und Ueppigkeit des Musikbeherrschers«,[15] die nach den ersten Bayreuther Festspielen europaweit akklamiert und bestritten wurde,[16] die Selbstverständlichkeit, mit der er ein luxuriöses Leben zu führen sich anmaßte, ohne die Mittel dafür zu besitzen – das war dem maßvollen und realitätsnahen Literaten von Grund auf zuwider. Daher hatte er wenig Hemmungen, auf Wagners Privatsphäre zuzugreifen und die aus rechtlich dubioser Quelle stammenden Briefe an Bertha Goldwag, verheiratete Maretschek, die für Wagner und seine Frau Kleidung und Dekorationen nähte, als »Briefe an eine Putzmacherin« auf den ersten Seiten der *Neuen Freien Presse* vom 16. und 17. Juni 1877 mit bissigen Kommentaren zu veröffentlichen.[17] Er grenzt sie nach Stil und Inhalt polemisch ab gegen Wagners Aufsätze, die dieser mit einer »wabernden Lohe« von »Langeweile, Verschwommenheit des Ausdrucks und Unklarheit des Gedankens gegen den Leser geschützt« habe (eine Einschätzung von Wagners Stil, die man ihm nicht grundsätzlich verübeln wird), während der Autor hier klar spräche, wie er denke: Es geht um die Bestellung von Schlafröcken, Bettdecken und Beinkleidern in Seidenatlas in den speziellen (rosa) Farbtönen, die Wagner sich wünschte. Durch das Motto »Wie gleicht er dem Weibe« wird der Kleiderluxus als feminin, ja pervers denunziert. Zu einem Schlafrock, den Wagner gezeichnet hatte, merkt Spitzer an: »ein Prachtstück, in dem jede Hofdame Furore machen würde«, »es ist, als ob eine Stimme in ihm riefe: ›Ich bin kein gewöhnlicher Schlafrock; unter mir wogt nicht der verwerfliche Busen einer jüdischen Bankiersfrau; in mir schlägt das Herz des großen Reformators der deutschen Kunst; mich trägt Wagner.‹« So wird ein komischer Kontrast zu den Bärenfell-Helden in Wagners Bühnenwerken erzeugt; damit der bekannte Eine Schritt vom Erhabenen zum Lächerlichen getan. Man hat an die Vorliebe Wagners für Seide in subtilen Farbnuancen immer wieder psychologische Überlegungen geknüpft und sie im Sinn von Fetischismus und Transvestismus pathologisiert. Dabei gehörte es zu einem Mann von Welt, um die Eleganz seiner Kleidung selbst besorgt zu sein, sogar der aller Verweichlichung unverdächtige »deutsche Jüngling« Friedrich Schiller hat seinem Schneider detaillierte Anweisungen zu Stoffen und Farben gegeben. Schon Heinrich Heine hat die Pariser Mode und die Parfums (»Eau de mille fleurs«), die August Wilhelm Schlegel zu seinen Bonner Vorlesungen (die Heine besuchte) trug, als feminin verspottet: »Vielleicht mit Ausnahme von August Wilhelm Schlegel gibt es keine Frau in Deutschland, die sich so gern durch ein buntes Bändchen auszeichnete«.[18] Doch die Provokation der modisch-luxuriösen Kleidung bestand weniger in der Verwischung der Geschlechterrollen als in der Überschreitung der Standesgrenzen. Als Wagner zur Privataudienz bei Königin Victoria von England eingeladen war, erbat sie sich ein Musterexemplar seiner seidenen Atlashosen für ihren Gemahl Albert. Dass derartige Kleidungsstücke besser an den Hof passten als zum Aristokratenkritiker Wagner, wird Spitzers Schadenfreude bei der Aufdeckung der vestimentären Extravaganzen besonders motiviert haben. Jedenfalls zahlte der Zeitungsverlag der *Neuen Freien Presse* auf Betreiben des Rezensenten einhundert Gulden für die Bertha Goldwag entwendeten Briefe. Wagner, dem sie vorab zum Ankauf für einen ähnlich hohen Preis angeboten worden waren, hatte sich nicht erpressen lassen und abgelehnt. Auf die Publikation reagierte er gar nicht, im Unterschied zu seiner Frau (die auch mit Bertha korrespondiert hatte), die darüber seufzte und ihm jetzt nicht mehr die (ohnehin spielerische) Idee, nach Amerika auszuwandern, ausreden wollte. Für einen gewieften Manipulator der öffentlichen Meinung wie Wagner war es klar, dass auch »bad news« »good news« sind – im Unterschied zu »no news – bad news«. Er hätte, wie bei anderer Gelegenheit, auch sagen können: »Ihr habt meine Werke – lasst mir meine Thorheiten!«.[19]

In der Novelle schlägt sich diese Facette im Verhalten von Max Goldschein (dessen jüdischer Name nicht zufällig an den der »Putzmacherin« Goldwag anklingt) nieder: Er treibt seine Kleidungsmarotten nicht ganz so weit wie Wagner, doch gibt es bei ihm die fetischistische Komponente, dass seine »Komponierhosen« aus dem Kleid der Angebeteten gemacht sind.

<u>Das Judenthum</u> Es liegt nahe, dass die Gegnerschaft des Juden Daniel Spitzer durch Wagners Antisemitismus befeuert wurde, wie er in der Neupublikation (1869) seines anonymen Aufsatzes »Das Judenthum in der Musik« (1850) wiederum offen zutage getreten war.[20] Im Nachwort beklagt sich Wagner über die Verfolgung seiner Person und die Ablehnung seiner Werke durch die angeblich jüdisch dominierte Presse. Die Veröffentlichung erregte nicht zuletzt in Wien großes Aufsehen und führte schon im Juli 1869 zu einer parodistischen Liedertafel des Wiener Männergesangvereins (»Judenthum hier und dort/Juden an jedem Ort«) mit Musik von Wagner (aus *Der fliegende Holländer* und *Tannhäuser*), Mendelssohn, Meyerbeer und, besonders akklamiert, Jacques Offenbach.[21] Ernster ging es bei der Erstaufführung der *Meistersinger* in Wien am 27. Februar 1870 zu: Es kam zu einer Kontroverse zwischen Juden, die gegen die vermeintliche Parodie jüdischer Gesänge in Beckmessers Ständchen protestierten, und Wagnerianern, die sie lautstark zum Schweigen brachten.[22] Während Hanslick in seiner abwägenden Kritik von Werk und Aufführung[23] aus Prinzip nicht darauf einging, nahm Spitzer den Vorfall in seiner Kolumne satirisch aufs Korn. Auch in unserer Novelle wird die Schmäh-Schrift angesprochen: Goldschein hat sich ihretwegen losgesagt »vom Alten Testament mit seinem abgebrauch-

ten Moses [Rossini: *Mosè in Egitto*] und dem Joseph in Egypten mit seiner veralteten Keuschheit [Méhul: *La légende de Joseph en Égypte*] und der Königin von Saba, die jetzt wieder Goldmark komponiert hat, und den Makkabäern, die Rubinstein ganz todt gemacht hat...« Doch Goldscheins Hinwendung zu »Riesen mit Keulen [...] und Zwergen mit Buckeln«, den Rheintöchtern, Drachen, Schwänen, Waldvögelein und Pferden nützt ebenso wenig wie die rosa Atlashosen, er zwingt keine Einfälle herbei.

In Spitzers Wagnerkritik spielt das Verhältnis zu den Juden immer wieder hinein. Er geht so weit, Wagner selbst als jüdisch zu apostrophieren, als »Rabbi von Bayreuth«.[24] Er greift damit das Gerücht auf, Wagner sei der leibliche Sohn seines angeblich jüdischen Stiefvaters Ludwig Geyer. Wagner selbst kokettierte mit seinen »jüdischen« Eigenschaften wie seiner Geldgier.[25] Dass in der Novelle der Wagner-Nachahmer Max Goldschein Jude ist, persifliert nicht nur die große jüdische Anhängerschaft Wagners, sondern artikuliert darüber hinaus das Phänomen des jüdischen Selbsthasses. Meist war Spitzer nicht so versöhnlich wie in seinem Nachruf auf den Verstorbenen: »Und wenn er sogar der Satire nicht entgehen konnte, so darf man nicht vergessen, daß nicht den Kleinen und Schwachen, sondern nur den Hervorragenden und Starken dieses furchtbarste Gift der literarischen Apotheke kredenzt wird«.[26]

<u>Wagner amüsiert sich</u> »Wagner ist und bleibt eine der sonderbarsten Erscheinungen«, kommentierte der dem Meister ergebene Ballettmeister Richard Fricke angesichts von Wagners häufig rücksichtslosem Körpereinsatz bei den Proben zu den Festspielen 1876.[27] Die »Sonderbarkeit« bedeutete über die Fähigkeit zur Identifikation mit den Rollen, die er in völliger Selbstaufgabe vorspielte, auch die Fähigkeit zur Selbstdistanz.

Wagner konnte seine Sachen parodieren und über Parodien seiner Werke lachen wie über *Tannhäuser. Zukunftsposse mit vergangener Musik und gegenwärtigen Gruppierungen in drei Akten* von Johann Nestroy, uraufgeführt im Wiener Carl-Theater im Jahre 1857. Als er sie im Mai 1861 besuchte, versetzte sie ihn nach dem Zeugnis von Peter Cornelius »in heiterste Stimmung«. Dem Komponisten Carl Binder, der Wagner-Melodien zu banalen Texten und Volkslieder im Wagner-Stil gesetzt hatte, soll er »für gutes Amusement« eine goldene Krawattennadel dediziert haben.[28] Über Spitzers Feuilletons scheint er sich ebenfalls amüsiert zu haben und so hätte er wohl auch über die *Verliebten Wagneriander* gelacht.

<u>Unterhaltung für alle</u> Die satirische Schreibart, der reichliche Gebrauch von textspezifischen Stilmitteln wie pointierten Übertreibungen, »unpassenden« Vergleichen, ironisch verwendeten Redensarten, stellt nicht nur die Wagnerianer und ihren Meister bloß, sondern richtet sich allgemein auf die Gesellschaft des ausgehenden 19. Jahrhunderts – auf Einrichtungen wie Bälle und Salons, auf Vernunftehen und Liebschaften, auf die Selbstinszenierungen der Figuren. Auch leicht nachvollziehbarer Spott um der Pointe willen ist Spitzer nicht fremd. So bietet die feuilletonistische Novelle auch an Wagner weniger Interessierten eine vergnügliche Lektüre: als amüsantes Bild der Wiener Belle Époque.

Überzeitliches kommt hinzu: die Lächerlichkeit inbrünstiger Heldenverehrung und Nachahmung, der schnelle Verfall hysterisch gefeierter kultureller Moden, das Phänomen, wie selbsternannte Gefolgsleute künstlerisch Avantgardistisches als banales »Lebensmittel« zelebrieren.

Anhänger Wagners und deren Gegner aber finden noch eine weitere Dimension. Seine Musik, mehr noch seine Person – sie polarisieren bis heute. Als Komponist und Dramatiker, als Mythenfortschreiber und Bilderfinder gehört er zwar zu den Großen, doch die künstlerischen und außerkünstlerischen Wirkungen seines Werks, seine politischen Einstellungen und ihre Folgen machen immer wieder betroffen und seine Person wirkt oft verstörend. In Büchern und Aufsätzen, in den Feuilletons kann man dem heute kaum entgehen. Unsere Novelle ist demgegenüber noch harmlos, im satirischen Unschuldsstand: Sie präsentiert die Wagnerianer und Wagner zum befreienden Lachen. Das macht es für Wagnerianerinnen – wie für Antiwagnerianerinnen – noch heute reizvoll, Spitzer zu lesen.

Prof. Dr. Volker Mertens ist emeritierter Professor für Ältere deutsche Literatur und Sprache an der Freien Universität Berlin.

Anmerkungen

1 Zu Spitzer: Nadja-Irene Orfei, *Wiener Spaziergänge mit Wagner. Daniel Spitzers satirischer Blick auf Richard Wagner*, Diss. Freiburg i. Ue. 2007.

2 Daniel Spitzer, *Wiener Spaziergänge*, Band 1–6, Wien 1873–1886; *Letzte Spaziergänge* (Band 7), Wien 1894.

3 *Wagner-Parodien*, ausgewählt und mit einem Nachwort versehen von Dieter Borchmeyer und Stephan Kohler, Frankfurt a. M. 1983, S. 143.

4 Wilhelm Tappert, *Wörterbuch der Unhöflichkeit. Richard Wagner im Spiegel der zeitgenössischen Kritik*, Leipzig 2 – 1903 (Neudruck: München 1967), S. 16.

5 *Wiener historischer Opernführer 5: R. W. Der Ring des Nibelungen I*, hrsg. von Michael Jahn, Wien 2009, S. 38 bzw. S. 35.

6 *Nietzsche und Wagner. Stationen einer epochalen Begegnung*, hrsg. von Dieter Borchmeyer, Frankfurt a. M. 1994, S. 1079.

7 Carl Friedrich Glasenapp, *Das Leben Richard Wagners in sechs Büchern*, Band 6, Leipzig 1894, S. 636.

8 Cosima Wagner, *Die Tagebücher*, hrsg. von Martin Gregor-Dellin u. a., Band 2, München Zürich 1976, S. 1109 f. (Eintrag zum 9. 2. 1883).

9 Tappert, *Wörterbuch der Unhöflichkeit*, S. 19 (vgl. Anm. 4).

10 *Wiener Spaziergänge*, Band 5, S. 60 (vgl. Anm. 2).

11 *Neue Freie Presse* vom 27. Januar 1878, zit. nach: *Wiener historischer Opernführer 5*, S. 57 f. (vgl. Anm. 5).

12 *Neue Freie Presse* vom 12. November 1878, zit. nach: *Wiener historischer Opernführer 5*, S. 67 (vgl. Anm. 5).

13 *Wiener Spaziergänge*, Band 3, S. 346–353 (vgl. Anm. 2).

14 Udo Bermbach, *Mythos Wagner*, Berlin 2013, S. 191–194.

15 *Wiener Spaziergänge*, Band 6, S. 80 (vgl. Anm. 2).

16 Bermbach, *Mythos Wagner*, S. 187–200 (vgl. Anm. 13).

17 Die Briefe jetzt in: Richard Wagner, *Sämtliche Briefe*, Band 19 f., hrsg. von Margret Jestremski, Wiesbaden u. a. 2011 f.

18 Heinrich Heine, *Französische Zustände I*, Artikel 2, in: Ders., *Sämtliche Schriften*, Band 3, hrsg. von Klaus Briegleb, München Wien 1976, S. 117.

19 Brief an Josef Standhartner vom 12. April 1864, in: Wagner, *Sämtliche Briefe*, Band 16, S. 110 (vgl. Anm. 17).

20 Jens Malte Fischer, *Richard Wagners »Das Judentum in der Musik«*, Frankfurt a. M. u. a. 2000.

21 Besprechung in den *Blättern für Musik, Kunst und Theater* vom 23. Juli 1869, S. 236. Ich verdanke den Hinweis Andrea Harrandt.

22 Cosima Wagner, *Die Tagebücher*, Band 1, S. 208 f. (Eintrag zum 14. 3. 1870) (vgl. Anm. 8).

23 *Neue Freie Presse* vom 1. und 2. März 1870.

24 *Wiener Spaziergänge*, Band 5, S. 60 (vgl. Anm. 2).

25 Peter Gay, »Wagner aus psychoanalytischer Sicht«, in: *Richard Wagner und der Antisemitismus*, hrsg. von Paul Lawrence Rose, Zürich München 1999, S. 251–261.

26 *Wiener Spaziergänge*, Band 2, S. 80 (vgl. Anm. 2).

27 Zit. nach: *Richard Wagner auf der Probe*, Stuttgart 1983, S. 103 (Frickes Eintrag zum 17./18. 6. 1876).

28 Andrea Schneider, *Die parodierten Musikdramen Richard Wagners. Geschichte und Dokumentation*, Salzburg 1990, S. 78.

Zu dieser Ausgabe

Der Textdruck orientiert sich an der sechsten Auflage der 1880 im Verlag von Julius Klinkhardt (Wien und Leipzig) erschienenen Erstausgabe. Geringfügige inhaltliche Straffungen und ortographische Korrekturen sind bereits hier gegenüber den vorangegangenen Auflagen zu verzeichnen. Die vorliegende Neuedition hat wenige weitere Rechtschreibfehler im Rahmen der seinerzeitigen Schreibgepflogenheiten behoben. Im Sinne der Lesefreundlichkeit wurden darüberhinaus einfache Anführungszeichen innerhalb doppelter Anführungszeichen bei Titeln oder in direkter Rede eingeführt. Die wesentlichen Merkmale des ursprünglichen Schriftbildes blieben allerdings erhalten:

Erstens wurden die typographischen Anforderungen eines in der Klinkhardt-Ausgabe verwendeten Antiqua-Schrifttyps gegenüber dem zeitüblichen Fraktursatz übernommen, etwa mit dem durchgängigen Verzicht auf eine »ß«-Schreibung (die im Antiquasatz fehlenden Umlautmajuskeln wurden hingegen als einzige Ausnahme eingefügt).

Zweitens wurde der Orthographie- und Interpunktions-Gebrauch der Erstausgabe weitestgehend beibehalten. Eine Modernisierung der Orthographie hätte selbst bei Wahrung des Lautstandes die sprachstilistische Substanz von Spitzers Text wesentlich beeinträchtigt. Sie hätte nicht nur den heutigen Abstand zur Entstehungszeit des Buches außer acht lassen, sondern vor allem Spitzers Augenmerk auf die gesellschaftlichen und geschichtlichen Facetten des Sprachgebrauchs seiner eigenen Lebenswelt übergehen müssen.

Drittens wurde entsprechend entschieden, von Spitzer als Stilmittel eingesetzte, zu seiner Zeit bereits altertümlich anmutende Vokabeln und deren Schreibweisen zu übernehmen. Spitzers Verwendung der Antiqua-Typographie, die auf seine Zeitgenossen im Rahmen eines belletristischen Werkes außergewöhnlich modern gewirkt haben muß, reibt sich ironisch an der erlesenen Antiquiertheit mancher seiner schriftsprachlichen Wendungen. Auch dieses Spiel mit den Leseerwartungen des Publikums soll in der vorliegenden Edition nachvollziehbar bleiben.